[美] 帕特里克·兰西奥尼（Patrick Lencioni） 著

六大工作天赋

THE 6 TYPES OF WORKING GENIUS

实现人岗匹配

贾津杰　王丹维　译

A BETTER WAY TO UNDERSTAND YOUR GIFTS, YOUR FRUSTRATIONS, AND YOUR TEAM

电子工业出版社·

Publishing House of Electronics Industry

北京·BEIJING

版权贸易合同登记号　图字：01-2022-5845

图书在版编目（CIP）数据

六大工作天赋：实现人岗匹配 /（美）帕特里克·兰西奥尼（Patrick Lencioni）著；贾津杰，王丹维译. —北京：电子工业出版社，2023.7
书名原文：The 6 Types of Working Genius:A Better Way to Understand Your Gifts, Your Frustrations, and Your Team
ISBN 978-7-121-45539-1

Ⅰ.①六… Ⅱ.①帕… ②贾… ③王… Ⅲ.①工作—效率—通俗读物 Ⅳ.①C935-49

中国国家版本馆CIP数据核字（2023）第089727号

责任编辑：吴亚芬
印　　刷：天津千鹤文化传播有限公司
装　　订：天津千鹤文化传播有限公司
出版发行：电子工业出版社
　　　　　北京市海淀区万寿路173信箱　　邮编：100036
开　　本：880×1230　1/32　印张：8.25　字数：144千字
版　　次：2023年7月第1版
印　　次：2023年7月第1次印刷
定　　价：78.00元

凡所购买电子工业出版社图书有缺损问题，请向购买书店调换。若书店售缺，请与本社发行部联系，联系及邮购电话：（010）88254888，88258888。
质量投诉请发邮件至zlts@phei.com.cn，盗版侵权举报请发邮件至dbqq@phei.com.cn。
本书咨询联系方式：（010）88254199，sjb@phei.com.cn。

帕特里克·兰西奥尼的其他著作

《CEO 的五大诱惑》（*The Five Temptations of a CEO*）

《CEO 的四大迷思》
（*The Four Obsessions of an Extraordinary Executive*）

《团队协作的五大障碍》（*The Five Dysfunctions of a Team*）

《别被会议累死》（*Death by Meeting*）

《克服团队协作的五种障碍》
（*Overcoming the Five Dysfunctions of a Team*）

《员工敬业度的真相》
（*The Truth About Employee Engagement*）

《困扰职业家庭的三个重要问题》
（*The Three Big Questions for a Frantic Family*）

《示人以真》（*Getting Naked*）

《优势》（*The Advantage*）

《理想的团队成员》（*The Ideal Team Player*）

《动机》（*The Motive*）

推荐语

六大工作天赋模型颠覆了我对工作和团队的看法。这是一个极具洞察力的工具，可以帮助我们提升自我认知。我们的团队在Jack导师的指引下，不仅建立了业务的优先事项、统一性和明确了首要目标，还进一步完善了四种管理会议，在打造更加强大的组织之旅上迈上了坚实的一步。这本书值得每位积极为自己和团队找到工作成就感的经理人和专业人士阅读。

——马士基全球服务中心中国区负责人　林萍

在过去的工作经历中，Jack和我们一起运用兰西奥尼先生的组织健康理论，建立了一个团结奋进的全球研发大家庭。全新的氛围、全新的流程和工作方式，将研发项目周期缩短了1/3。

——德国凯傲集团亚太研发副总裁　钱金明

20年来，兰西奥尼先生提供了大量极其简单和实用有效的工具，以使人们在工作场所中得到尊重，使团队更具凝聚力和向心力，使组织更加健康和高效。作为在中国较早应用六大工作天赋模型的客户，我们在Jack的引导下不仅帮助每位小伙伴了解了自己的天赋，还根据大家不同的天赋优势合理调配了每个职能部门的资源，真正实现了人尽其才，大大提高了团队的工作热情、信任度和工作效率。

——复旦大学管理学院高层管理教育中心、DBA项目和复旦大学-华盛顿大学EMBA项目主任　邵勃博士

作为团队领导力教练，在协助客户公司的核心高管团队提升领导力的过程中，我一直从兰西奥尼先生的著作和演讲中汲取灵感和能量。相信先生的这本新书，一定会给我们再次带来惊喜，并促使我们深思。

——中国大陆以"总裁教练"为专职的"第一人"　张伟俊

兰西奥尼先生的六大工作天赋模型让我们可以充分发挥自己的天生才干，把自己最宝贵的礼物带给团队和工作。这个模型极其简单，不仅完全适用于日常的工作任务、项目和会议推进，还可以大大提高团队成员之间的信任度、敬业度和创新力。这本书值得每位职场人士阅读和学习。

——安踏集团安踏学园校长　梁家广

改变世界的力量就在你的潜意识之中，你的潜意识具有无限的智慧与睿智。如果运用六大工作天赋模型激发你的潜意识，并通过用心参与，那么你在学习、工作上的获得，就会是无限的。

——联创资本创始合伙人、董事长　韩宇泽

这本书中提出了工作的构思（ideation）、激活（activation）和实施（implementation）三个阶段所需要的六种天赋：好奇（wonder）、创造（invention）、洞察（discernment）、激发（galvanizing）、支持（enablement）和坚韧（tenacity）。每个人都可以依据六大工作天赋模型找到自身擅长的领域，企业则可以利用这本书提供的工具和方法（如团队工作天赋结构图）来提升组织的效能。

——贝恩公司全球合伙人　孙超

工作对于人生的成功与幸福何其重要！工作本身可以为人带来成长感、成就感、归属感、安全感、存在感和使命感，但为什么这么多人在工作中内卷、躺平甚至摆烂？有多少人愿意在百无聊赖、无所作为、了无生机、毫无希望的工作和心理状态中慢慢老去？

全球领导力大师兰西奥尼在"六大工作天赋"中，揭示了在工作中持续获得喜悦和能量的秘诀和路径。了解你的工作天赋、洞察自己的优势、释放与生俱来的潜能、实现充分绽放的人生！这不仅是我们的理想，更应该是我们为人在世的责任！

感谢并祝贺我的老朋友贾津杰翻译了这本绝好的工作与人生的指导书！

——北京大学汇丰商学院管理实践教授、
创新创业中心主任　陈玮

译者序

六大工作天赋模型是美国新锐管理大师、组织健康咨询顾问和商业畅销书作者兰西奥尼先生最新发明的提升团队信任力和生产力的理论方法和工具。它不仅可以使组织快速了解每位团队成员的性格优势，而且可以掌握团队的工作优势，以使团队成员在发挥自身天赋获得工作中的快乐、满足感和成就感时提升团队生产力。

六大工作天赋模型认为，一般来说，组织或团队成员在工作时会展现六种天赋，而每位成员都只有两种天赋、两种能力，两种受挫。对于一个组织或团队来说，不同工作阶段则需要不同的天赋。

通过运用六大工作天赋模型，组织中的个人与工作的匹配度、工作热情、信任感和协作力不仅会提高，而且组织可以通过更好地利用每个人的天赋来完成团队任务，从而提高组织的凝聚力和工作效率。

在我看来，结合兰西奥尼先生之前的模型和工具，我们可以通过"团队成员的三大美德"的行为标准选择和培养正确的人，利用"六大工作天赋"把正确的人放在正确的角色或项目阶段中，最后通过"克服团队协作的五种障碍"为正确的人创造正确的工作氛围，以极大地提高团队或组织的核心竞争力。

兰西奥尼先生在本书中反复强调："六大工作天赋是实现组织发展和组织高效能的基石。当人们在工作中充满活力时，无论是公司创始人、首席执行官，还是新入职的员工，都更有可能贡献于企业的健康发展，助力于企业避免陷入功能失调障碍的风险。"

关于六大工作天赋

创造出六大工作天赋模型既是一个偶然的机会，也是一个必然的结果。在过去的25年间，兰西奥尼先生一直致力于通过改善组织的管理，提升领导力，加强团队合作，帮助人们在各自的工作岗位中获得尊重，实现自我发展。但是他并没想过，帮助大家认识自己的优势，并将之匹配到实际工作中，会有什么新意。直到2020年6月的一天，在一连串让他对工作的满意度像过山车般反复飙升和骤降的会议结束之后，他的同事艾米提出了一个重要的问题："是什么让你变成了现在这个样子？"之后，他才终于下定决心搞明白让自己痛苦和挣扎的问题根源到底是什么了。

于是，就有了接下来持续四小时的讨论，从而诞生了六大工作天赋模型。幸运的是，2021年6月，我接触到了六大工作天赋模型，并参加了后期针对模型完善和推进的讨论，成为中国较早的六大工作天赋模型的学习者和实践者。

六大工作天赋模型一经问世，就得到了兰西奥尼先生大量客户的重视和应用，甚至出现跨国公司首席执行官含泪说"六大工作天赋这个模型真正帮助我们解决了如何把每位领导者和员工的天赋带到工作中的问题，这个问题真的困扰了我们很多年，现在我们整个公司终于做到了人尽其才！"的感人场面。

许多客户纷纷邀请兰西奥尼和他的团队开展六大工作天赋和进一步推进组织健康的工作坊。兰西奥尼的公司Table Group于2021年第二季度推出了六大工作天赋全球导师认证工作坊。作为Table Group全球顾问网络中为数不多的一名中国顾问，我非常荣幸地参加了首期工作坊，并在随后的一年中为复旦大学管理学院高层教育中心、马士基全球服务中心、安踏集团、吉利汽车、百丽集团、拉法基–豪瑞中国、AECOM艾奕康建筑设计和固智工业机器人等组织成功实施了以"六大工作天赋"为核心的组织健康项目。

使用六大工作天赋模型的收益

在个人方面，一个极简（不超过10分钟）的在线六大工作天赋测评（working genius官网）可以让我们很快理解自己的两大工作天赋、两大工作能力和两大工作受挫，使我们在从事与工作天赋相关工作时获得更多的能量、快乐和成就感，帮助我们理解在被安排到不合适角色时自己的内疚，以及他人对能力、态度和动机的错判，从而提高彼此之间的信任感。

在团队中，我们可以清晰地发现团队的优势和较为薄弱的方面，总结过去的成功或失败与六大工作天赋之间的联系，并根据每个人不同的天赋进行合理的安排和调整，以达到人尽其才。

在组织层面上，如果我们能把每个人都更多地安排在与其工作天赋相关的角色、任务和项目上，将大大提高生产力、士气和会议的效率，并改进招聘工作，从而打造更高效、健康的组织。

简而言之，六大工作天赋模型作为兰西奥尼先生组织理论的最后一块拼图，能够把组织的凝聚力、明确性，以及会议和效率完美地连接在一起，帮助我们更好地打造健康和高效的组织。

对于没有接触过组织健康理论的企业，可以从"六大工作天赋"开始，结合"团队成员的三大美德"和"克服团队协作的五种障碍"模型先建立最高管理团队的凝聚力，再围绕组织的明确性开展工作。

而对于那些已经对组织健康有所了解的企业，则可以从帮助最高管理团队成员了解各自的工作天赋开始，使每位领导者出现在合适的角色、项目阶段和会议中，并辅以"团队成员的三大美德"，而进一步多角度克服团队协作的五种障碍，不断提升团队的凝聚力。

此外，在本书的结尾部分，大家可以发现通过了解每位成员的工作天赋，可以根据四种会议（包括各级团队的对话）的不同目的和性质，合理安排具有相应天赋的人主要参与，安排拥有最恰当天赋的人担任会议/项目主持人，从而提高会议和组织的效率。

最后，感谢在组织健康实践之旅中的客户和朋友们的支持和推动，才得以让我有机会把兰西奥尼的这本新书翻译给大家看，其中包括通用电气（GE）医疗中国总裁兼首席执行官张轶昊先生、德国凯傲集团亚太研发副总裁钱金明先生、复旦大学管理学院高层管理教育中心邵勃博士、马士基全球服务中心中国区负责人林萍女士、ABB机器人事业部前中国区总经理李刚先生、固智工业机器人首席执行官陈亮先生、安踏集团安踏学园校长梁家广先生、信亦宏达网络存储技术公司创始人刘亦实先生、拉法基-豪瑞中国区人力资源负责人宋文辉先生、天普药业前首席执行官李翰明/Henry先生、丽思卡尔顿酒店公司中国区总经理Rainer Burkle先生和香格里拉酒店菲律宾区总经理John Rice先生等。参与本书翻译的还有王丹维先生、刘艳霞女士、徐奕女士、刘艳云女士和王素杰女士，感谢他们的认真付出，让本书的翻译更忠于原著和更适合中国读者阅读。感谢电子工业出版社付豫波女士引进了兰西奥尼先生的系列图书，并把"克服团队协作的五种障碍"整套导师认证课程引入中国。未来，期望通过兰西奥尼先生的图书和工作坊等，帮助中国企业实践最新的组织健康理论，帮助更多的企业提高管理能力，为员工、客户、企业和社会创造更多价值。

贾津杰/Jack

于上海波特曼丽思卡尔顿酒店

译者简介

贾津杰/Jack 组织健康、战略实施和绩效提高咨询顾问，优锐杰企业管理咨询（上海）有限公司首席执行官；曾担任盖洛普咨询中国区副总裁，美国Aubrey Daniels International咨询公司中国区负责人；从事战略实施和绩效提高的管理咨询工作25年；曾帮助30余家优秀企业成功实践了兰西奥尼先生的组织健康理论，并取得了优异的业务结果和极大的组织健康优势。

Jack于2020年8月加入了Table Group的全球顾问网络CAPA Pro，并于2021年8月成为全球第一批被认证的六大工作天赋导师。

Jack成功服务的客户包括丽思卡尔顿酒店集团、万豪酒店集团、香格里拉酒店集团、马士基全球服务中心、通力电梯全球研发中心、3M、中国银行、德勤咨询、欧莱雅、通用电气（GE）医疗事业部、西门子、TIMKEN轴承、上海外服等公司。Jack于2003年完成美国西北大学凯洛格商学院－香港科技大学的EMBA项目（该项目在《金融时报》的13次评选中，11次荣登全球EMBA项目榜首）学习。

推荐序
从个人领导力到组织的健康

"领导力就是引领众人去没有去过的地方的能力。"知名领导力教练张伟俊的这句话也一直是我对领导力的定义。在这么多年的工作中,不管是在通用电气(GE)医疗、丹纳赫还是宝洁,我一直认为领导力是每位领导者成功的最关键因素。提高个人的领导力也是我在工作中一直追逐的目标。但是在职业生涯里,我渐渐意识到,关注在领导力上还不够,因为如何打造一个有凝聚力和有活力的团队组织可能才是一个更加重要的因素。

兰西奥尼先生是我最喜欢的作者之一,他的商业畅销书《优势:组织健康胜于一切》改变了我对组织健康和领导力的看法。他让我看到了组织健康对公司的意义和对团队成功的重要性。兰西奥尼认为大多数组织的领导者只关注组织的聪慧,即战略、营销、财务和技术等,而往往忽视组织的健康,即存在最少的办公室政治、很少的内卷,拥有高昂的士气、高效率和优秀员工的低离职率。他指出打造健康的组织只需要简单的四大原则（见图0-1）：

1. 建立富有凝聚力的领导团队；

2. 打造组织清晰度；

3. 反复充分沟通组织清晰度；

4. 强化组织清晰度。

图0-1　组织健康的四大原则

随着兰西奥尼先生这本新书的出版，他的组织健康理论和实践就更加丰富和完整了。如果将六大工作天赋模型和之前的理论模型相结合，则可以帮助我们更好地打造具有高凝聚力的高层和中层管理团队。

正如兰西奥尼先生所说，成功企业与平庸企业的差异，与它们所拥有的知识和聪慧程度关系不大，而与企业的健康程度直接相关。希望这本书能够帮助每个人都能找到自己的天赋，在享受自己工作的同时，把组织变得更加健康，把公司的客户服务做得更好，从而提高整个组织的业绩。这也就是所有领导者想要达到的终极目标。

张轶昊

通用电气（GE）医疗中国总裁兼首席执行官

前　言

读者朋友们，首先我想向你们介绍两条不容置疑的客观真理，这两条真理正是本书写作的前提。

第一条，善于利用个人天赋的人，比其他人更容易取得成功，实现个人抱负；

第二条，能够促进团队成员挖掘天赋潜能的团队或组织，远比其他不善此道的团队或组织更加成功，工作更富有成效。

尽管上述真理显而易见，但现实情况是，大多数人在其职业生涯中并未完全实现自我抱负和理想。这并不奇怪，因为大多数人并不真正了解自己的天赋。因此，大多数团队远未能充分发掘团队成员的才华，并帮助他们实现真实的潜能。我们不得不问这样一个问题：发现天赋潜能这个问题，为何一直悬而未决？

显然，人们也曾尝试过解决这个问题。市面上有几种非常棒的工具能够帮助我们更好地了解个人的性格特质、工作长项及个人偏好。在我的职业生涯中，其中几种工具我也一直使用至今。可问题的症结始终在于，如何将我们了解到的信息，转化为适合不同天赋和才能的团队成员的日常经验，并将其运用到实际工作中？

在这里，我很高兴地宣布，本书就是来解决这个问题的。本书提供了简明的基础框架，使读者能够了解在特定任务环境下自己可以发挥的独特才华；这个框架有双重作用，它既是一个性格模型，也是一个可以用来提高个人和团队工作成效的实用工具。

需要说明的是，这个框架的提出并非我一人一时之功，也并非我闭门造车的结果，而是源自一个偶然事件，它让我从中捕捉到了解决问题的方案。当时，由于工作上的一些事情，我的情绪波动很大，我在欣喜或绝望中不断挣扎。当时艾米问了我一个振聋发聩的问题：是什么让你变成了现在这个样子？（非常感谢艾米。）因为这并不是一句指责，也并不是针对我个人的评判，而纯粹是出于她的困惑。她希望能够帮我剖析常常产生沮丧情绪的原因，因为毕竟我是在自己的公司里和好朋友们一起工作的，而且我们从事的领域，也是我一直以来全心全意投入并乐在其中的。

那时我并没意识到，思考艾米问我的问题能够指引我、启发我，最终让我开发出本书中即将详细阐释的六大工作天赋模型。当然我也没想到，后来的事实证明，这个模型提供的测评，要比我们公司（Table Group）有史以来所做的任何尝试都更为实用，更能对生活的改变产生立竿见影的效果。有太多人通过各种方式向我们反馈，这个六大工作天赋模型测评给他们的工作带来了立竿见影的变化，而且这种变化是可持续的。例如，他们从工作中找到了更多乐趣，加深了对自己爱人或子女的了解，对团队进行了重组以更好地发挥团队成员的才华等。对此，我们由衷地感到高兴。

和我之前的书的结构相似，本书的第一部分虽然是虚构的寓言，但它源自关于六大工作天赋模型及应用的真实故事；第二部分是对这个模型的详细介绍。

我衷心地希望，本书能够赋能于你和你的团队成员，帮助你充分发掘团队所有成员的天赋，并最终使你的公司、组织乃至家人，都能够从中受益。

目　录

寓言　//001

六大工作天赋模型的创建和应用　//179

缘起　//180

六大工作天赋模型与测评　//184

团队生产力和工作天赋结构图　//198

六大工作天赋和组织健康　//221

我对六大工作天赋模型的期望　//224

术语表　//231

致谢　//235

寓言 ▶

主要人物介绍

布尔·布鲁克斯
耶利米咨询公司（原耶利米广告公司）首席执行官

安娜
布尔的妻子

艾米·桑普尔
耶利米咨询公司销售和客户关系部副总裁

克里斯·埃雷拉
耶利米咨询公司首席财务官

奎恩·莱德
耶利米咨询公司广告购买和运营服务负责人

贾斯帕·琼斯
耶利米咨询公司服务部副总裁

琳恩·林恩
耶利米咨询公司创意总监

麦姬娜、谢恩、马克斯、克里斯汀和柯尔斯汀
耶利米咨询公司的年轻员工

关于JOB的故事

工作不等于生活，但工作占生活的很大一部分。虽然我并不希望是这样，但多年来，工作对我生活的影响比我想要或期待的更大。工作曾经让我相当沮丧和不安。不过还好最近我想出了一些办法，让工作对我生活的影响变得更加积极和正面，这些办法宛如及时雨一样，在我的生活即将崩溃之时拯救了我。

对了，我的名字是布尔·布鲁克斯。我知道这名字听起来像是音乐家、乡村歌手或说唱歌手之类的名字，这取决于你的感觉。我的真名是耶利米，但因为那首20世纪70年代关于青蛙的歌，不知怎么的，在我还是个孩子的时候人们就开始叫我布尔，从那以后布尔就成了我的名字。现在除了我的孩子，所有人都叫我布尔。也许有一天我的孩子们也会叫我布尔，但还好目前他们仍然叫我"爸爸"。

其实，我的全名是耶利米·屋大维·布鲁克斯，这个名字似乎有些拗口。圣屋大维是公元4世纪时的一位殉道者，我母亲一定很喜欢他，但是关于我名字的来源，我不记得她曾跟我说过。很有意思的是，我名字的首字母缩写连在一起是JOB。从这个缩写来看，也许我对工作的痴迷看起来就并不奇怪了。

关于我和我的奇葩名字，我已经说得够多了。下面让我跟你们讲讲工作是怎么差点毁了我，以及我后来所学到的是如何改变了这一切的。

关于工作（work）

或许我应该先说明，小时候我对工作的理解，源自父母的影响。

关于我父亲的工作，让我印象最深的是，他的工作似乎并不是他自由选择的。我的意思是，他没有上过大学，而且生活在一个相对没那么繁荣发达的小镇上，因此他没有太多的就业选择。他是一名保险理算员——我必须承认，直到第一次遭遇车祸，我才真正弄懂保险理算员究竟是做什么的。这个工作算不上是世界上最棒的工作，但也绝不是最差的。他有很多时间陪伴家人，而且至少有一半工作时间是在室内，不用在外面风吹日晒。

至于我母亲，她打理着我们的家，安排家里大大小小的事情。她似乎喜欢她工作的每一项内容，无论是教我们读书、在学校做志愿者，还是交各种生活费用。她从来没有抱怨过自己的日常工作。她唯一不喜欢的是洗衣服，不过她很聪明，她把这个活儿有效地指派给了我们。她经常说，和你们在一起的每一天都很快乐，我觉得这是她的真实感觉。

但我父亲到底喜不喜欢他的工作，我说不准。我们从来没有讨论过这个问题，也许我压根就没想过这个问题。我从未想过要问我父亲，他是否觉得自己的工作有成就感？我只是记得，有一次他对我说："布尔，如果工作有意思，那么人们就不会把它叫作工作。"对我父亲来说，工作的目的是付分期贷款和支付我们上学的学费。仅此而已。

直到找到人生中第一份工作——银行出纳，我才明白，我跟我父亲对待工作的方式是不一样的。

我最讨厌的活儿

　　说到我的父亲，他是个挺不错的人。在20世纪50年代，人们对他的评价是"挺不错的人"。我的父亲是个亲切、和蔼的人，做事有责任心，还很节俭。总之，他很优秀。

　　他最喜欢的一项家务是周六早上例行的修剪草坪。当然，虽说是修剪草坪，但要干的活儿可不只是修剪草坪。修剪草坪是所有活儿中最有意思的一项，大多数情况下，这活儿会留给我父亲。除了修剪草坪，我们还得扫落叶、捡落叶、拔草、除草、清扫院子、收拾杂物，最后是压轴大戏：用软管喷水冲洗车道和步行道。

　　因为我很听父亲的话，所以尽管我并不情愿，但每周六我都会强迫自己从床上爬起来，到外面去修剪草坪，而我真正想做的事情是在电视上看动画片或职业棒球联赛。每周六我都会帮父亲修剪草坪，尽管我很讨厌这个活儿。我一直不明白自己为什么讨厌修剪草坪，这让我很困扰。虽然我爱我的父亲，喜欢和他一起做事，但每周六的修剪草坪对我来说，真是一种折磨。

不过，几个月前，我终于发现了我对小时候周六早上的例行家务劳动感到郁闷的原因，这正是我接下来要讲的故事的主题。我非常遗憾没能在小时候，或者在我父亲去世之前，就能向他解释清楚其中缘由。如果我这么做了，本可以避免我们父子之间产生一些不必要的紧张和焦虑情绪，而且也许我原本可以在周六看更多动画片和棒球比赛。

我的第一份真正意义上的工作

直到高三那年，我才在银行找到第一份真正意义上的工作，不过在我十几岁的时候，为了赚钱我曾到处打零工，干过各种各样的活儿。

有一年夏天，我到油田附近一家射击场做零工，我的工作任务是把动物造型的金属靶竖起来放好，为此我不得不常常跳进射击场放靶子的坑洞里，忍受子弹从头顶呼啸而过的恐惧。这个可怕的经历大概是让我想要上大学的最大动力。

还有一年夏天，我的邻居以给别人做阁楼防热层为副业，我的任务是给他打下手。在约43摄氏度的高温中，我站在一辆封闭的金属卡车后面，把玻璃纤维材料铺开，塞进一台大概叫什么绝缘切片机的机子里。为了保证我的手指不被机器割掉，我必须非常专心，一点儿都不能走神。

后来我找到了银行出纳的工作。对于一个高中生来说，这可是撞了大运。

如今我才明白，有些人天生就是做银行出纳的料，而我不是这块料。无论我怎么努力工作，在每个工作日结束的时候，我的账目总是会出现收支偏差，而且我永远无法理解这有什么大不了。

有时因只差几分或几元钱，所以我会主动提出自掏腰包补足差额，可是经理会说："这儿的规矩不是这样的。"然后我们会花上一小时左右的时间，想办法弄清楚我是在什么时候按错了收款机的哪个按钮。

我想，之所以我还能留在银行工作，是因为那里的女士们喜欢我跟她们在一起共事——其他出纳都是女性。我常常逗得她们和客户哈哈大笑——这可能也是我总把账目搞错的原因。我特别喜欢在汽车窗口工作，因为在那个窗口有一个气动传输管，能把客户的钱传送到外面车道上。我经常从冰箱里拿一瓶番茄酱或其他什么东西传送给客户，只是为了逗他们笑笑。

不过，那份工作让我印象最深的是在我旁边柜台工作的一位女出纳。她的名字叫乔伊，人特别好。她当时已经结婚了，有两三个孩子，并不是一个17岁男孩会认为是朋友的人。但我讲笑话她会笑，在我搞不懂银行本票和汇款单的区别时她会帮我，平时她也很关心我。关于她曾对我说的一番话，我永远不会忘记："布尔，别像我一样。找一些你喜欢做的事情去做，这样你不会觉得是在工作。"

我试图让她相信，她的工作没那么糟糕，但是她对我的话置之不理，接着说："别将就，我的小朋友。"

在短短几年后，她的这番话又回到了我的脑海中。

令人羡慕的工作为何让我痛苦不堪

在大学里，我参加派对的时间不多。因为当时我的家境并不富裕，上大学的大部分学费都是父母掏的钱，所以我觉得我必须严肃对待上学这件事。因此，我把大部分心思都花在了学习上。

有点儿遗憾的是，在选择专业的时候，因为没得到任何指导和帮助，我选择了不适合我的经济学。当时选择经济学专业，只是因为它看起来很好地结合了理工科的实用性和文科的趣味性，既不是一个很虚的专业，也不用耗费很多力气去研究技术。

然而直到毕业的时候，我也不确定我究竟学到了多少经济学知识。直到今天，我还记得什么是供需曲线，不过仅此而已。

因此，到了找工作的时候，我相当迷茫。因为我没有什么特定的求职目标，所以我用了一个投机取巧的方法：找出哪些公司在招聘员工，并且支付高薪。最终，我进入了银行业。

虽然我不再是出纳了，但我还是在银行工作。我只记得我的工作是做金融分析，至于具体分析什么，我已经记不清了。我想我已经把这个工作经历从我的脑子里清除掉了，因为我讨厌这份工作。然而，当时招聘我的人却说我会喜欢这份工作，并且会获得不错的发展。当时在别人眼中，我的前途光明。因为毕竟我学的是经济学，而且我是以名列前茅的成绩毕业的。我工作的地方不仅是一家银行，而且是一家投资银行。当时，我不仅薪水相当不错，而且办公室的工作环境非常优越。我成了朋友们羡慕的对象。

但是，在那段日子里，我痛苦不堪。

在银行工作的那两年，是我人生中度过的最漫长的一段时间。我勤勤恳恳，努力工作，想要追求优秀的业绩。我调动我所有的脑力、自控力和自制力，努力克服对这份工作的厌倦之情，并设法说服自己：这份工作是我通往成功职业生涯的入门券。然而，这对我的身体和精神造成了巨大的伤害。就在我决定放弃自己在投资金融业大展拳脚这个希望之时，我的老板帮了我一把，他终结了我的幻想，我辞职了。辞职后的我就像一匹断腿的马，终于从痛苦中解脱了，我如释重负，却也迷失了方向。

重蹈覆辙

我调整心情，重拾骄傲，拿上我的简历重新找工作。这次我决定在择业时要慎重，要眼光长远。你一定不会相信接下来发生的：我去了另一家银行工作。

此刻，是不是觉得我疯了？或是好了伤疤忘了疼，以至重蹈覆辙？其实，我的这份工作实际上和金融业无关，因为我在银行的市场营销部门工作。

离开银行业琐碎的工作，我感到有多轻松，我很难描述。我坚信，市场营销的工作要好得多。遗憾的是，没过多久我就发现，我的新岗位工作几乎和上一份工作一样无聊和令人厌倦。

在接下来的一年里，我发现自己不断地向安娜（我的妻子）抱怨，我的工作快把我逼疯了。虽然安娜从始至终是一个非常有耐心的女人，但我看得出来，她已经听烦了我关于工作的诉苦。"你真的需要找一份你喜欢的工作才行。"她一次又一次地劝告我。

安娜在一家为客户企业做会展策划的公司工作。说实话，她的工作真的很辛苦，一年中有半年的时间，她得在路上奔波。尽管频繁的旅行让她越来越感到厌倦，但她似乎很喜欢自己的工作。她没有抱怨过工作，更重要的是，她并没有患上"周日忧郁症"[1]。

1　周日忧郁症：英文原文是 Sunday Blues，一般是指因为周一不得不开始一周的工作，而在周日感到焦虑、恐慌的情况。

周日的忧郁

你是否也曾有过这种感觉？周日晚上，在足球赛看到一半的时候，或者你正做着其他什么事情时，突然感到一阵心慌，因为你意识到，明天早上你就得重新回去上班了。就是这种焦虑、恐慌的感觉，我在投资银行工作的时候有，在营销部工作的时候也有。

这时还不算太糟糕。直到后来，我在周末开始焦虑的时间越来越早，甚至在我和安娜出去约会的周六晚上，我的内心都会产生一种莫名的恐惧感。这种焦虑怎么都挥之不去，久久地缠绕着我。从没想到，这份工作能让我感到如此焦虑。

你也许会觉得，是不是因为我当初就职的公司比较差劲，才会让我如此难受？我自己曾经也这么以为。但回过头来看，我不得不承认我的这种情况和公司好坏没关系，因为我当时就职的两家银行都相当不错。我的几位顶头上司不但自身能力水平很高，而且对我个人的关心也超出了我的期待。

此外，他们都很热爱自己的工作，并且希望我也是如此。

可是，非他们所愿，我真的不喜欢我的工作，于是我开始恐慌。

在那些焦虑的时刻，我愿意尝试任何事情，以此来让我不再害怕工作。我尝试去找我认识的几个热爱工作的朋友聊天，其中有一个整天工作热情高涨的律师，一个管理顾问，一个老师，还有一个电脑程序员。

我问他们：为什么那么热爱自己的工作？喜欢自己工作的什么地方？可是他们的回答对我来说都是无稽之谈，荒谬至极。他们侃侃而谈，滔滔不绝，涉及法律、商业、教育和技术等，但都含糊其词，说得一点儿都不能让人信服。我开始觉得，问题出在我自己身上，难道我注定一辈子都要受到工作的折磨？巧的是，有一次我撞坏了自己的车，遇到了一个保险理算员。跟我父亲不同的是，他很喜欢自己的工作，但又讲不出为什么喜欢。

我觉得自己好像永远无法找到工作愉悦的秘诀了。我开始陷入轻度抑郁。任何了解抑郁症的人都知道，即使是轻度抑郁，也是很可怕的。直到有一天，我参加了一场我的公司和一家广告公司联合召开的会议。

当时我们正在做一个关于新401k计划[1]的宣传活动。我们邀请了一群30多岁的客人，做了一个焦点小组访谈，让他们谈谈对我们公司品牌的期许和展望。广告公司的人会问参会者这样的问题："把AFS[2]想象成一个人，这个人此刻刚刚走进这间房间，你觉得他会是什么样子的？"虽然这个问题听起来很荒谬，但我觉得有些东西很有意思。

在焦点小组访谈结束后，我向广告公司的一位女士咨询她公司的情况。她告诉我，公司发展势头不错，正在招人。

于是，我把旧简历拿了出来，更新之后分别寄给了那位女士和她公司人力资源部的某位工作人员。几周后，在鸡尾酒会上，我高兴地向大家宣布：我在广告行业工作。我保证我本非肤浅之辈，只是当时我觉得跟别人说在广告行业工作，特别时髦和有趣。

最让我高兴的是，我的"周日忧郁症"消失了。

1　401k计划：始于20世纪80年代初，是美国的一种由雇员、雇主共同缴费建立的完全基金式的养老保险制度。——译者注
2　AFS：布尔工作的公司名字的简称，全称是Accelerated Financial Systems。——译者注

幸福的无知

虽然那时我已经26岁了，但我不得不从广告公司的底层做起。公司分配给我的都是业务量最少的客户。难以想象的是，我的第一个任务是为一家宠物动物园做宣传活动。

这是因为我们公司的一位合伙人答应以极低的广告费帮朋友在打高尔夫时结识的朋友做宣传。这意味着只能安排公司里资历最低、经验最少而薪水也是最低的人来接这个活儿。我和贾斯帕·琼斯被选中了。

我们俩的工作任务就是帮助宠物动物园吸引更多的"宠物客人"。尽管这听起来有些滑稽，但我不得不承认，我对这个工作的喜欢程度，超出了我之前所从事的任何工作。

我们调查了宠物动物园所在区域内的所有小学、幼儿园、青年团体和男孩女孩俱乐部，并访问了十几位校长、老师和行政人员。我们设计了各种各样的宣传品，包括传单、T恤衫、纽扣等。我们把宣传品带到动物园里分发。大部分的设计都是我做的，而贾斯帕负责把所有的工作整合到一起。

贾斯帕和我遭到了同事们无情的嘲笑，他们把我们的工作戏称为"羊驼计划"[1]。尽管我不得不在同事面前假装这是一项愚蠢的工作任务，但内心里，我其实并没有什么可抱怨的。

在一年中的大部分时间里，虽然我们被分配了各种工作，但都是任务级别较低的工作。大多数时候，我们的工作是在报纸上登广告，雇人在街上发传单，或者帮助小型企业设计咖啡杯、企业标识等。

但不知为何，我并不介意干这些零碎的活儿。虽然我不知道为什么这些小事总是被安排给我做，但我并不在乎，因为我比以前更快乐了，安娜也更快乐了，贾斯帕也很快乐，所以，何必在乎是什么原因呢？

但是，几年后，我意识到，我本该在乎的。

1 　羊驼计划：一种比较搞怪可笑的计划。

得失之间

在接下来的两三年中,我的生活基本上远离了工作的愁苦和恐慌。这种感觉舒服极了。

我的客户质量越来越高,我的收入也越来越多,我在公司职级的"梯子"上越爬越高。

其间,我和安娜结了婚,有了我们的大儿子马修。

总之,生活的车轮滚滚向前,我们的日子风和日丽,一帆风顺。我甚至都不记得"周日忧郁症"是什么感觉了。

然后,意想不到的事情不期而至。

我的职务提高了,收入增加了,有了属于自己的专属办公室。这让我欣喜若狂,喜不自禁。

然而这样的喜悦感仅仅持续了大概一个月。

慢慢地,几乎在不知不觉中,我的工作热情开始褪去。

有一段时间,我对工作的喜悦感逐日降低。因为在工作中,总是这会儿要处理一个棘手的问题,那会儿要进行一场严肃的对话,那边还有一位难缠的客户在等着应对。然而最糟糕的是，在一个周日的晚上，我正和安娜一起看电影，我突然感到很害怕，因为我害怕我的年度绩效评估结果会比较差，毕竟我刚晋升了两个月。

我担心的事情发生了，我的年度绩效评估结果一点儿也不好看，评估结果中除了"达到预期"，就是"需要多努力一些才能达到预期"这样的评价。

这个结果让我太难接受了。要知道，我上学时所学的任何一门课，从来都没有得到过低于B-的成绩。虽然在银行和金融行业上班时，我的业绩不怎么样，但那是因为我提不起兴致。而现在是在我很喜欢的广告行业工作，因此，这是我职业生涯曲线上的一次严重下滑。

虽然我很难受，但我什么都不敢跟安娜说。因为那时我们想再要一个孩子，而安娜也已经转做兼职了，养家的重任全在我身上。所以，我开始自我安慰，这只是一个暂时的小问题，是我通往职业的康庄大道上的一个小坎坷而已。

结果出来之后，我那非常刻板的经理查兹·韦斯特菲尔德三世对我说，你的业绩评估"不出众"，很可能只是因为你才晋升不久。他说他"宁愿对我严厉些，以督促我进步，也不愿对我放松标准，以致影响我后面的发展，导致我黯然退场"。

"我不会黯然退场的，查兹。这只是一个意外。"我激动地说道。

他敷衍地向我表示安慰："嗯，你大体上达到了预期。"

"别提了，经理。这个标准对我而言太低了。我真不知道问题出在哪里。我的客户对我都挺满意的。"

"你做得开心吗？"

我本能地回应道："我做得挺高兴的，难道我看起来不高兴吗？我做得……"

查兹摇着头打断了我："布尔，你看起来并不是很满意。"他的话让我觉得很奇怪。他停顿了一下，接着说道："你手下的人似乎也不太满意。"

我不由自主地开始为自己辩解："我的下属看起来不满意？这到底是什么意思？你怎么会知道……"

他又打断了我，说道："我问过他们了。"

我一时无语。

多年后，我从一位后来再次与我共事的员工那里得知，查兹曲解了我团队的反馈，我的下属告诉查兹的其实是，他们感觉我有些不高兴，并为此而担心，而他们并没有什么不满意的。但我当时不知道真实的情况，以为我跟下属缺乏沟通，查兹说的是实情。不过，不管事实如何，那一刻我对查兹没什么好感，心中充满了敌意。

当时我要是回应查兹，"查兹，你说得没错，对我而言，提升业绩评估是一项挑战。虽然结果并不让人高兴，但是我要为自己和我的团队负责，我要用这份令人失望的评估成绩来激励我做得更好"，就好了。

但我没有，我只是坐在那里皱着眉头，还在想着回家以后到底要不要跟安娜说这件事。

评估反馈结束回到办公室之后，我决定对安娜保持沉默，低调处理这件事。我要自己把它扛下来。于是，在接下来的半年里，我兢兢业业，埋头苦干。我在家的时间变少了，而且我在家的时候，脾气总是很暴躁。其实不只是在家里，我在公司上班的时候也很暴躁。

安娜被带孩子的事情压得喘不过气来，虽然马修终于不再有肠绞痛了，但是又出现了对花生过敏的情况。总之，不仅带孩子让安娜疲劳不堪，而且我脾气的变化也让她有些烦躁。我们之间开始出现了一些问题。

这些问题可以说都是由我造成的。例如，对于安娜遇到的家庭困难，我没有给予足够的关注；我经常对她发脾气；我甚至开始抱怨给马修换尿布，尽管我换尿布的次数只是安娜的零头。事实是，我的暴躁让我丧失了理智和耐心。对于这一点，虽然安娜看得比我更清楚，但无疑我也有所感觉，我并不觉得我的所作所为有什么值得骄傲的。

几个月后，我和安娜终于有了一次重大的谈话。那天晚上，马修已经睡着了，我和安娜在厨房吃晚饭。我们开始了以下的对话。

我说道："我本不想跟你说，但是我又开始讨厌我的工作了。"

安娜大为不解，哭着说道："啊？不会吧？！"

一时间，我心中有些发慌，连忙补充道："别担心，没那么糟。我会想出办法的。"

安娜还在哭，但还是坚信地说道："我知道你会的。对了，我怀孕了。"

我呆住了："什么？这……太棒了。那你不用担心我的工作了，我会想出办法的。"

那一刻，我暂时忘掉了对工作的不安，而只顾着庆祝安娜的怀孕。

两小时后，当我躺在床上试图入睡时，对工作的担忧又阵阵袭来。那一刻，我暗暗下定决心：我马上要有第二个孩子了，我不想成为一个脾气暴躁的丈夫和父亲。我知道我必须做出改变，我祈祷事情会有转机。

猎头来电

幸运的是几个月之内，我的祈祷就得到了回应。

有一天下午，我刚开完当天第三个让人痛苦不堪的会议，简直心力交瘁。这时，我接了一个电话，是市中心一家人力资源中介打来的。

"我们追踪您已经有一段时间了，布尔。"电话另一头的人说。

一瞬间，我觉得自己像是个间谍。

"市里一家顶级广告公司有一个岗位正在招人，他们想和您聊聊。您有兴趣吗？"

两天后，我和一男一女在码头附近的一家时尚餐厅共进午餐，从他们那里我了解到，如果跳槽做同样的工作，我不仅可以比现在多赚1/5的钱，而且还会遇到更有趣的客户。

所以，我跳槽了，而且很快我在新公司平稳着陆了。

只经过了四天的调整，我又开心起来了。而且我想说以前工作时从未如此开心过。我进入了一个新行业，遇到了新的同事和客户，接触到了很多从未听到过的新想法。那时的我从未想过，换工作竟会让我的薪水有这么高的涨幅。

但其实薪酬的涨幅与我的轻松感觉关系不大。我的意思是，我并没有和钱过不去，但我真正感兴趣的不是钱，而是别的什么东西，一些和我的新职位本身有关的东西。我说不清楚，所以我只是告诉自己及任何问我的人，我之所以这么开心是因为我真的很喜欢在广告界工作。

遭遇并购

时光如梭，转眼之间，又一个七年过去了。

安娜刚刚生下我们的第四个孩子。我们搬到了普莱森特山，一个非常不错的社区。虽然生活的节奏比我理想的要快些，但工作常常是我快乐的源泉。

这段时间，我偶尔会想起在老家银行工作的乔伊，还有其他几位女出纳。好些年前，有一次回老家看望父母时，我曾经到那家银行的汽车窗口兑现了一张支票。我往窗口里面偷看了一眼，正好看到乔伊在自己的柜员窗口和一位客户聊天。我有点儿惊慌，不过还好，她没有看到我，如果被她看见，我将不得不走进银行，告诉她我现在的工作是广告策划，而不是在银行开本票，我过得非常开心。我可不想这样，因为这会让我很难过，或者会让乔伊很难过。我说不清楚。

于是在那个阶段，不到40岁的我，尽着自己最大的努力做个好丈夫和好父亲，无比享受着我的工作。我早就忘记了

10年前我曾被工作折磨得多不堪，而是已经把工作上的满足感视为理所当然。我已经成为公司某个部门的副总裁，天遂人愿，一切似乎都很美满，直到公司宣布了一个并购消息的那一天。

在那个年代，广告行业内的企业合并和收购并不鲜见，形式也是各种各样。例如，大公司可以买下小企业，或者有部门从大公司中脱离出来独立经营。所以，当我们公司被全球五大广告公司中的一家收购时，我并没有感到特别恐慌和不安。

总公司允许我们保留大部分老客户，这似乎比什么都重要。但我当时并不明白，大公司的运营模式会给公司带来什么影响，也不明白这对我个人意味着什么。

简而言之，新公司的客户管理方式是基于功能性的，而不是基于地理上的。从本质上说，这意味着我不得不和在纽约与伦敦工作但是业务范围同我一样的同事频繁打交道。当时，公司有一个酒店部，一个消费性包装品部，一个体育事业部，一个甜辣烧烤酱事业部。虽然这样说有点儿夸张了，但情况确实差不多是这样的。

新公司的副总裁很多，而我只是其中一个。虽然在大部分情况下，大家都很友善。可问题是，我必须经常和他们接触，并且使用"间接报告""协同""跨职能买入""审批权限"等词汇跟他们沟通。这简直让人头皮发麻，大脑发胀。

在那段时间里，我们浪费的时间之多，取得的成果之少，超过了我以往职业生涯中的任何阶段。在涉及客户流程的每一步，我都不得不使用行政手段，想办法获得审批，而且我无力保护我的下属免受其害。我的下属们的岗位职责各不相同，但是各有各的麻烦和担忧，他们不得不竭尽全力，在严格的矩阵管理制度中挣扎，以获得生存之道。他们不能做任何出格和僭越之事，而且不得把许多心思花在取悦自己的老板、遍布世界各地的职能团队，以及自己的客户上。这简直就是一团乱麻。

然而令人意外的是，这家大型广告公司的运营模式似乎是有效的，至少从财务角度来看是这样的。公司的发展如火如荼，新客户源源不断，盈利额超过行业内所有竞争对手。所以，我有什么资格反对他们的运营模式呢？此外，公司付给我和员工的薪水超出预期，我们甚至觉得有点儿受宠若惊，居然能拿这么高的工资。

然而，对我来说，只有高工资并不够，因为我的"周日忧郁症"卷土重来了。我知道，赚再多的钱，也无法帮我抵抗忧郁症病毒的侵袭。

坦白从宽

我觉得我必须要和安娜谈谈,我猜她的反应不会太好。于是我带她去了我们最喜欢的意大利小餐馆用餐。我很喜欢那里的食物,但我带安娜去那里用餐,主要还是希望她在听到我的坏消息时,心情不会太糟糕。

我原本打算等到吃甜点的时候再说,但始终还是没忍住。

"我的'周日忧郁症'又回来了。"吃着布拉塔奶酪,我脱口而出。我的自控力实在是太差了,没等到吃甜点。

沉默了好一会儿,她才开口。

"你说什么?"她的语气明显透着不高兴。

"嗯,我又开始害怕上班了。"我小心翼翼地说道。

安娜放下叉子,深吸了口气,说道:"你不是很喜欢乔和珍妮特,还有另一个叫夏什么的同事吗?"她的话不像是在问我问题,或者告诉我某个事实,而更像是指责。

"夏维尔。"我回答道。

"对，夏维尔。我总是记不住他的名字。"她面无表情地说道。

"可能是因为他的名字不太好记，像夏又像沙。"我想开个玩笑，缓和一下气氛。

安娜没有笑，脸上一丝笑意也没有："可能吧。不管怎样，你说过你喜欢这些同事。"

我点了点头："是的。"

"是因为人力资源部的那个女同事吗？"安娜紧接着问道。

"跟她没关系。"我有点局促地笑着，"霍莉让我非常头疼，但她还不足以让我的'周日忧郁症'复发。"

"那是因为什么？"她问道，表情冷冰冰的。她的这种表情我只见过两次，都是在我再也不想回忆的场合。

"我不知道。我猜这和公司的官僚主义作风有关。繁杂的审批程序、报告制度，缺少创造力的工作环境。"我努力控制住自己的不安情绪，小心翼翼地跟安娜解释。

安娜没有任何反应，她只是坐在那里，盯着餐盘中的食物。

这是我生命中最漫长的15秒钟。

最后，她深吸一口气，皱起眉头，微微点了点头，但什么也没说。

"什么？"我问道。

"什么什么？"她冷冷地反驳道。

"有什么不对劲。"我说，"我能感觉到，有什么不对劲。"

她又深吸了一口气，抬起头，直视我的眼睛。她的眼神有了变化，似乎对我有了一点点的理解。

最后，她说道："我想我知道你在想什么。"她停顿了一下，"即使你现在还不知道自己在想这个问题。"

我不知道她是什么意思，但作为我的妻子，她感应我心灵的精准度，我已经领教很多次了。

我还是有点儿忐忑，回答道："我在想什么？"

"我会让你自己想明白的。"她说，然后咬了一口布拉塔奶酪。

"这不公平，告诉我吧，你比我还了解我自己。"我徒劳地辩解着，可怜巴巴地试图缓和气氛。

这时，服务员上了主食，这给了我几分钟的时间，让我能跟上妻子的思路，重新攒点儿勇气。

服务员用奶酪刨丝器把帕尔玛干酪擦成丝，洒在我盘中的意大利面上，然后他离开了餐桌。我重拾话题，说道：

"所以，你是说我想做一件事，而你并不喜欢？"

"部分正确。"她直截了当地说，小心翼翼地咬了一口热乎乎的土豆汤圆。

"这么说，你其实喜欢我的想法，虽然我自己都不知道我在想什么？"

我觉得她都快笑出来了，但我不确定。

"不是不喜欢，只是这对我来说，并不容易接受。"

"所以这会是一个很大的变动。"

她抬头看着我，微微点了点头。现在，她的眼睛里，有些许难以察觉的泪光。

就在这时，我恍然大悟。

我放低了声音，不是因为担心被人听到，而是因为我没有勇气大声说出这些话。我说道："我应该创业，开自己的公司。"

安娜闭上眼睛，慢慢点了点头。

沉默了10秒钟之后，我问她："你会同意吗？"

"不。"她郑重其事地说道。

我被搞糊涂了。

"但我相信，这是唯一能让你在工作中得到快乐的办法。"她停顿了一下，咬了一口食物，咽了下去，接着说道，"我想我们是时候搬家了。对你、对我、对孩子们来说，现在正是一个好时机。"

我吸了一口气，正要说话，但在我开口之前，安娜替我做出了回答。

"是的，我确定是这样。"

创业小组

几个月后，我们搬到了内华达州的太浩湖边，其实离我们生活了几十年的喧嚣都市，只有十几千米远。我找到了一间可以看到玫瑰山的乡间办公地点，轻而易举地招募到几个员工、朋友和前同事，他们比我想象的更渴望逃离旧地。

鉴于我们所做的大部分工作都依赖于数字技术，所以在大都市之外的某个小地方办公，对我们来说并不是问题。我们因此也成为最早利用视频技术召开会议，以及与客户洽谈合作的公司之一。

我们把公司命名为耶利米广告公司——我们的团队坚持要把我的本名放进公司的名称中，让它从42年的雪藏中重见天日。开车30分钟就能到达湖边、滑雪场和国际机场，这给了我们一种恰到好处的感觉。一切都感觉轻松了，不仅仅是因为海拔不同了的关系。

办公室里有12个人，我是所谓的首席执行官。此刻，让我先给读者朋友们介绍一下我的管理团队，因为接下来发生的大部分事情都离不开他们的参与。

　　艾米·桑普尔是销售和客户关系部副总裁。几年前，我在工作过的第一家广告公司认识了艾米。尽管她并没有和我、贾斯帕一起完成"羊驼计划"，但她和我们两个一样，都是从公司职级梯子的底层开始往上爬的。她是难得的人才，像一颗闪闪发光的宝石。

　　克里斯·埃雷拉是我大学时的一个朋友，他学的也是经济学，不过他比我强，还记得不少专业知识。他负责财务、运营和所有行政方面的工作。我们称他为首席财务官。克里斯是我可以托付生死的那种朋友，我对他百分百信任。我知道我永远不会因为发工资、应收账款或财务偿付能力这些问题而睡不着觉，因为有克里斯在。我常常拥抱克里斯。

　　奎恩·莱德是艾米向我们力荐的成员，她多才多艺，什么都拿得起来。她时而像棒球场上擅守能攻的内野手；时而像一管牢固的胶水，可以把零散的东西黏合在一起；时而又像不知疲倦、不怕脏、不怕累的"铲屎官"，可以把乱糟糟的局面清理得干净整洁。总而言之，奎恩是多面手，主要负责为客户提供广告购买和运营服务。此外，在其他人有需要时，她总能随时伸出援手，救人于水火之中。

　　还有贾斯帕·琼斯，我在宠物动物园的搭档。多年前我们各奔东西之后，并没怎么保持联系，相信大多数人都是这样的。但后来当我找到他，邀请他加入我的公司时，我们聊得很投机，好像我们从未分开过。和我上一次见他不同的是，他留起了长长的络腮胡，看起来和我们在山里的新事业很搭。贾斯帕任职服务部副总裁。他帮助我制定客户决策。他在数字广告和社交媒体方面也很有专长。

对了，还有一位我差点忘了提，琳恩·林恩，我们的创意总监，专注于产品的艺术设计、绘图和制作。有意思的是她的本名是琳恩·格雷戈里，但因她丈夫姓林恩，所以她改名为琳恩·林恩。虽然在婚后15年的时间里，她不遗余力地劝说周围的人不要叫她琳林，可是我们依然叫她琳林。

我们办公室还有另外六人，他们的职务级别稍低一些，工作职责也各有不同。公平地说，我们每个人都各司其职，尽最大能力完成自己分内的各种苦差事，这就是小公司的运作方式。我挺喜欢这样。

说完团队，再说说办公环境。我们的办公室环境特别棒。有很多窗户，采光充足。但不像我们合作过的很多广告公司那样矫饰和虚假，我们的办公室内没有梯子，没有懒人沙发，也没有桌上足球、乒乓球或按摩用的桌子，不过我们的冰箱里总是有啤酒和胡椒博士饮料。

在开业之后的头两年，JM营销公司（我们公司的简称）的一切都运转良好。我家里也是风平浪静，一派和谐气象，这对我来说更重要。

我们公司办公的地理位置稍显偏僻，但这并不妨碍我们受到来自美国各地的大客户的青睐。实际上，我们的盈利额要高于预期，而且当地企业经营税费低廉，生活成本也不高，这为我们带来了更高的利润。随着企业不断成长，我们不断吸引优秀人才，在当地招募到的人才水准也超出预期。最重要的是，公司里的每个人都过得非常开心。

遗憾的是，当我们进入创业的第三年时，情况发生了变化。我发现有"病毒"入侵，后来我把它命名为"暴躁因子"。

暴躁因子

这次袭击我的，不是"周日忧郁症"。因为那段时间的周末，我从未有过对工作的焦虑和不安。在周一或任何一天的早上去办公室上班时，我的心情都很愉悦。毕竟，此时和我共事的人都已经成为亲密战友。我们在一起从事的工作很有趣，我们取得了非常不错的成果，也逐渐得到了客户的认可。客户对我们不吝赞扬，认为我们的工作对他们很有意义。

但不知何故，我发现自己的压力越来越大，而且，怎么说才合适呢？我感到自己越来越急躁和易怒，而且我出现坏情绪的频率逐渐增加。我大概每周都会和别人发一次脾气。这时我脸上会出现厌恶的表情，让对面的人觉得我很讨厌他们。这种情况变得越来越频繁。

刚开始，人们会开我的玩笑。贾斯帕把我发脾气时看着他的样子称为"那张脸"。他甚至有一次还模仿起了我生气时的表情，这让我挺受伤的，尽管我并没有表现出来。有一天在家里时，安娜不经意间给我起了一个类似饶舌歌手艺名的外号。她说："你有点刻薄，不是吗？我们应该叫你'小刻薄'。"我真不该把这件事告诉办公室里那帮年轻的家伙，因为从那时起，他们也开始这么称呼我。

虽然这并不是什么坏事，但"我常常发怒"这个现实问题，让我百思不得其解。一个把自己的公司经营得如火如荼，周围聚拢着那么多优秀人才的人，为什么会这么喜怒无常呢？

我急切地想要摆脱困境，而安娜的决心比我更加坚定。她对我说："你最好想清楚，布尔。我们不会再搬家了。如果你惹毛了他们，你就再也找不到更好的团队和合作伙伴了。"她的原话应该没这么粗鲁，但我喜欢这么记。

我很庆幸有艾米在我身边，她在不知不觉中促成了一个发现。这个发现改变了我的事业、我的团队，以及我的生活。

艾米之问

那时，我们正向当地一家叫雷诺的公司做产品推介。这家公司效益很好，在当地拥有一支小联盟棒球队、一支曲棍球队和一个地方活动中心，我们想要与之合作。

虽然在我们的演示文件中出现了几个拼写错误及其他小瑕疵，但我和艾米在推介会上的表现非常成功。据我们估计，十有八九客户会和我们合作。在回办公室的路上，我跟艾米倾诉了对公司两个年轻员工麦姬娜和谢恩的不满，因为是他们两个准备的产品推介文件。当时我应该非常生气，甚至忍不住飙了几句脏话——那段时间安娜曾指责我，说我说脏话的频率越来越高了。

回到公司后，我把麦姬娜和谢恩叫到会议室，同艾米一起对他们进行了"质询"，我指出了他们的错误，并加以斥责。虽然艾米后来安慰我，她说你当时做得并不是很过分，甚至都算不上"小刻薄"。但毫无疑问，当时我非常恼怒地训斥两名员工，说他们两个人的疏忽可能让我们的推介会功亏一篑。

两个年轻人灰溜溜地走出了会议室，他们刚走出门口，我就转头若无其事地对艾米说道：

"对于我们想要拿下的格拉伊戈尔度假村的推广计划，我有一个新想法。这个度假村的产品定位是家庭休闲娱乐，所以我们应该尝试一些不同于到拉斯维加斯度假的东西。类似'格拉伊戈尔之旅，把美好回忆带回家，一生珍藏'这样的推广理念。"

艾米用奇怪的眼神看着我。

"怎么了？"我问她。

"你怎么会这样？"她反问我。

"什么意思？"

"我不知道。"她皱起了眉头，显得也很困惑，"30秒钟前，你一副气急败坏的样子。半分钟不到，你就像换了一个人，仅因为想到了一个新创意而兴奋得不得了。"

我不明白她的意思，所以她接着解释道："你的情绪变化特别快，你会在几秒钟之内从垂头丧气变成欢欣鼓舞，我很想知道其中的原因。"她似乎想要我告诉她答案。

"你说得对，"我承认道，"你说得完全正确。我也希望我知道这是为什么。"

稍做停歇之后，她开始收拾东西准备离开会议室。

我把她叫住，说道："先别走。我真希望我能知道原因。有一半的时间，我对工作感到兴奋；另一半时间，挫败感不停地折磨我；还有一半时间，我处在困惑不解之中。"

"你怎么会有三个一半？"

"什么？"

她边笑边说道："你说了三次'一半时间'啊！"

我也不禁笑了，对她说道："别开玩笑！你都把我搞糊涂了。别那么过分！"

艾米把包放回到地板上，说道："好吧，但首先，我想告诉你一件事，这件事我之前从来没跟你提起过。"

"好。"我好奇地瞪大了眼睛。

她深吸了一口气，说道："大约半年前，我接到里诺那家大公关公司的电话。他们想聘请我。"

我并没有因为她说的话感到惊慌，我说道："你为什么不告诉我？这没什么大不了的，除非你想……"

"其实我去那家公司面试了，因为我曾经考虑过是否要接受他们的聘请。"她打断了我。

现在我慌了。或者，也许我惊得呆住了。

还没等我多问，艾米就开始解释道："你的情绪波动让我非常疲惫，我想，别的公司会不会更……"她停顿了一下，像是在想用什么词合适，"更稳定、更平静。"

我从惊讶中回过神来，问她说："后来呢？"

"面试之后，我意识到，如果去那工作，我不会像在这儿一样快乐，而且我会非常想念你和咱们的团队。"

我很高兴听到她这么说，但她居然有过离职的想法，这让我有些心塞。我觉得这个问题很严重。

"所以……"我吸了一口气，说道，"把这件事搞清楚，这非常重要。"

她笑着点了点头："是啊，我想是的。"

足足有10秒钟，我们沉默地坐着。

"我们接着说你刚才的想法吧。"艾米宣布道。然后我们就开始了。

尽管那天艾米的话让我吃惊不小，但我不得不承认，我好像对接下来三小时发生的事情失忆了。事实上，我觉得我一定是从上午11点昏睡到了下午2点。因为直到今天，我都想不起那天到底发生了什么，尽管艾米，以及贾斯帕和琳恩，都一再告诉我，我确实在场。

模糊的印象

一开始，只有我和艾米两个人在聊，我们聊了大约半小时。我跟她倾诉了我的烦恼：我经常很高兴地来上班，可是随后就总会发生一些事情，让我开始烦躁不安。

"让我不快的，不是某个人，这个我很清楚。"我解释道，"你们每个人都特别棒，而且我早上的心情并不差。安娜知道，从家里出发来办公室的时候，我的心情很好。但是不到中午我就已经开始抱怨了，会突然觉得烦躁不安，身心俱疲。"

艾米蹙起眉头，说道："你可不只是在抱怨。"她停顿了一下，继续说道："你总是显得怒气冲冲的。"

她的话我有点儿不爱听，但我找不到反驳的理由。

就在这时，贾斯帕和琳恩走进了会议室。没等他们问我早上的客户推介会的情况，我率先向他们发问：

"你们觉得最近我的脾气为什么这么暴躁？"

"因为你是个暴躁大王。"贾斯帕脱口而出。

虽然我很着急听他的看法，但还是忍不住被他逗笑了，琳恩和艾米也哈哈大笑。贾斯帕很幽默，很爱开玩笑和调侃人。

"除此之外，"我顺着他的玩笑说道，"是什么让我从快乐王子变成了焦虑大王？"

贾斯帕在桌边坐下，神情变得严肃，耸了耸肩，说道："我不知道。你应该知道点什么吧？"

琳恩插话道："你晚上回家之后，是怎么跟安娜说的呢？"

"问得好。"我回应道。想了一会儿，我说道："我跟她说是因为我很累。"

"是因为累吗？"琳恩问道，"还是因为厌倦了什么？"

她触到了我的痛处。

"厌倦了什么？"我重复着她的话，琢磨了好一会儿。

"是什么呢？"琳恩追问道。

突然，我感到兴奋。"我总是跟安娜抱怨，说我很烦，因为我总得不断检查各种事项，以保证各种工作能顺利往前推进。我觉得如果我不这样做，公司的各项业务就会逐渐停滞。"我回答道。

一瞬间，他们三个人都瞪圆了眼睛，好像发现了什么有价值的信息。

"可这正是你的工作职责。"贾斯帕说道。

"是的，我知道。但我真的希望我不用如此费尽心思地催促别人。我想做一个有意思的人，不想做监工。"

"你说的'有意思的人'大概是什么样的人？"贾斯帕问道。

"嗯。能想出新点子的人，会评估不同的想法，从中找到最好的。"

"这哪里是什么有意思，"贾斯帕不以为然地说道，"简直让人痛苦至极。"

我大为不解，问道："难道还有什么工作比这个更有意思？"

贾斯帕想了想，说道："当客户在最后一分钟打电话给我，说遇到了棘手的事情，然后我出手相救，帮他们搞定困难，成为他们眼中的'英雄'，这种事情，我觉得才有意思。例如，有人提出一些似乎不可能实现的要求，而我做到了，以至他们第二天打电话给我，说我帮了他们的大忙。"

我很震惊。"这是我最害怕的事情！难怪我喜欢和你共事，因为这些棘手的事情都是你解决的。"我兴奋地说道。

我突然有所开悟，问他说："你喜欢劝诫别人吗？"

贾斯帕似乎没听懂我的问题。

我解释道："你喜欢让人们保持前进，确保人们参与进来，并保持走在正轨上吗？"还没等他回答，我替他答道："你不喜欢这样，对吧？"语气中颇有些指责的味道。

贾斯帕摇了摇头，说道："不是我不喜欢。"我还没来得及反驳，他继续说道："确切的是，我很反感督促别人，我更愿意自己把活干完。"

艾米也在一边附和道："我也是一样。"

琳恩举手表示同意。

"见鬼！"我说道，脏话又一次脱口而出，"我是唯一一个劝诫者。"

追问

"什么意思？"琳恩要我解释。

这时，我的兴致越来越高，说道："除了我，这里没人喜欢劝诫或动员别人，督促他人坚持努力，保持进步，以避免他们失去前进的动力。"

"我觉得克里斯有时会这么做。"艾米反驳道。

我想了想。"是啊，但他仅限于行政和财务方面，我觉得我是那种在所有方面都会劝诫别人的人。"我解释道。

"而且你很擅长劝诫别人，我们喜欢你劝诫我们，借用你的词。"琳恩很坚定地说道。

"但是我不喜欢，它让我身心疲惫，濒于崩溃。每天我上班时，脑子里想的是当天要处理的新项目或新问题，然后……"

贾斯帕打断了我："然后我向你汇报，我们的线上信息已经滞后。"

"没错！"我大声说道，"然后我不得不思考信息滞后的原因，并且要督促大家重燃工作激情。我觉得这样做，会让所有人产生挫败感，而且自己也会有严重的挫败感。"

"但因为有你的督促，每次我们都会有进步，而且总是能达到预期目标。"贾斯帕不以为然。

"但你为什么不督促他们呢？"我问贾斯帕，语气中蕴含着些许不满。

"那张愤怒的脸又来了。"他警告我。

"很抱歉。谢谢你提醒我。"我吸了一口气，小心翼翼地斟酌着话语，"我并不是要批评你，只是好奇你为什么总让我扮演督促的角色。"

贾斯帕皱起了眉头，说道："我觉得因为你比我更擅长这一点。而且，说实话，我还以为你喜欢呢。这对你来说似乎轻而易举。"

艾米看着我，嘟囔了一句："我也觉得是这样。"

"我想也许是因为我们一直当你是首席劝诫官吧。"贾斯帕说道。

在场的人都哈哈大笑。

"可是我成了首席愤怒官，这对我、对大家，都不是什么好事儿。"

"那么，我们该怎么办？"贾斯帕问道。

据在场的人说，就是在那一刻，我走到白板前，拿起笔在白板上画了一个又一个圆圈。

理论浮出水面

我手里拿着一个马克笔，跟同事展开了讨论，丝毫未意识到时间的飞速流逝。

根据大家事后的回忆，我们花了不到五分钟时间讨论我的情绪波动，然后将话题转移到工作流程。我们分析了项目启动阶段和收尾阶段的差异，以及不同的人在不同阶段如何被项目吸引。出于某些原因，我已记不起那次讨论的所有细节，但让我印象很深的是，当时我们的沟通过程特别有趣。

不到一个半小时，会议室的白板上就写满了字，画满了形状和箭头，在白板的最中央位置，画着水平排列的三个圆圈。

在第一个圆圈的上方，我写下了构思（ideation）这个词；在第三个圆圈的上方，写下实施（implementation）一词。中间的圆圈是我们觉得最有趣的，或者说是最新颖的，上面写的是激活（activation）这个词。我们把这个图命名为"工作三阶段"。

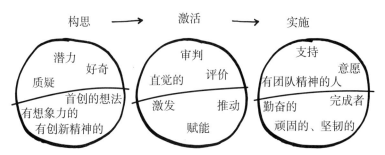

工作三阶段

每个圆圈里各有六个词，用以描述各个阶段包括的要素。根据讨论和查词典的结果，我们会不断擦除旧词，代之以新词。我们把每一个圆圈都一分为二，把每个圆圈中的六个词汇各分成两组。在这个过程中，我们想到的诸多词汇掺杂在一起，一团混乱。为了让图示更清晰，我们不得不回到原点，重新整理思路。我们一度陷入了僵局。

所以，我们采取了在这种情况下一贯采取的做法：搬救兵。于是，我们的首席财务官克里斯和多面手奎恩加入了队伍。我们将这种场合称为进行性会议，会议的一项议程是：暂停会议，向新加入的人从头开始解释某个新想法。这么做有两个好处。

首先，重新解释这个想法可以让最初的团队成员彼此明确团队做出的决定，也让他们有机会重述自己的想法。

其次，很显然，团队得到了一个新信息源。

克里斯和奎恩刚刚走进会议室，我就迫不及待地开始向他们解释道：

"当时，我又在跟艾米诉苦，说些我很累、我总是脾气暴躁之类的话……"

他们点了点头，习惯了我跟他们大声分享我的想法的做法，"她问我是怎么搞的，然后……"

"我可没这么粗鲁无礼。"艾米打断了我。

我承认道："是的，我很感激你的礼貌。但本质上，你想知道我到底发生了什么。我也希望你能得到答案。"

那一刻，我走到白板前，指着正中间的圆圈的下半部分，上面写着推动、赋能和激发三个词。

"她没有得到答案，但在谈话的过程中，我们想到了这些。"

艾米善意地纠正我，说道："是你想出来的。"

"但这是我们两个人交流的结果。"

艾米还没来得及反驳，奎恩就开口了："激发是什么意思？"

"问得好，"我说，"是指为了让人们动起来，行动起来。为了召集人们，让他们不断地投入，投入，再投入；坚持，坚持，再坚持。"

克里斯插话道："我一点也搞不清状况。这些圆圈代表什么？我需要一些背景信息。"

他是对的，所以我说道："你说得对。"我可是相当善解人意。

所以我拿起了白板擦，但在我把白板上的字擦掉之前，琳恩用手机拍了照片，这样我们就不会忘记之前写下的内容。

我决定从头开始，把东西捋顺。

新的理论模型雏形

这时已经快一点钟了，我们还没有吃午饭。

因为我想让克里斯和奎恩专注于讨论，所以我建议午餐叫外卖，然后把下午剩下的时间全部用于讨论。我承认，是在我的恳求之下，每个人才同意了我的建议，并且都打了电话，把原计划要做的事情取消或改期，然后我们开始了深入探讨。

"所以，我的挫败感不是因为公司，不是因为你们，也不是因为客户。"我解释道，"是因为某些根本性的东西。"

我停顿了一下，不是故意为之，而是需要组织语言："是因为我不得不做一些工作，它们占用我的时间，耗费我的精力，而且让我没时间做能让我重蓄能量的工作。"

奎恩瞪大双眼，我看得出，她被我的话题吸引了。而克里斯皱起了眉头，似乎还没怎么"上套"。

我开始讲理论部分："我认为，工作有三个阶段。"

"等等，"克里斯打断了我，"你指的是什么类型的工作？"

没等我开口，艾米抢先答道："任何类型，开公司、做项目，或者……"她想了想，"做家庭度假计划。"

我之前并没想过制订度假计划也包含在内，不过确实我们的理论也适用于这件事。我解释道："是指需要完成的工作，可以是任何工作。"

克里斯点点头，他看起来并没有完全理解其中的含义，只是他想要我们继续说下去。

"第一阶段我们称为构思。"我画了第一个圆。

奎恩说道："是关于创新吗？"

"当然，"我表示同意，"我认为，我们之所以喜欢构思，是因为跟构思有关的工作都涉及创新。但最初创新的想法一定是从某个地方开始的。"我很坚定地要把整个模型画出来，因此说道："我们一会再回到这个问题。让我先讲完这三个圆圈的含义。"

"抱歉。"奎恩道歉道。

"没关系。"我安慰她，"我喜欢你的好奇心。我只是想先把模型说完，这样你们就可以看到全貌，只需要几分钟时间。"

她似乎松了一口气,我继续说道:

"第三个圆圈是实施,是指完成工作的阶段。这个很简单,对吧?"我在右边画了一个圆圈,解释道。

所有人点头以示同意,包括几个参与了最初谈话的人,这让我确定,最初参与谈话的几个人对这个模型是认可的。

"第二个圆圈在哪里?"克里斯问道。

"少安毋躁,埃雷拉,"贾斯帕打趣道,"他马上会揭晓答案。"

贾斯帕的玩笑为讨论增加了几分悬念,此时,每个人都迫不及待。

"关于第二个圆圈,我们探讨得还不太多,工作到了这个阶段,挺让人兴奋。"在两个圆圈之间,我画上了第二个圆圈,继续说道:"我们把这个阶段称为激活。"

奎恩和克里斯都眉头微蹙,不是因为反对我们的说法,而是因为他们还没听明白。

琳恩终于有机会插言:"不可能一有新想法就行动的啊!"

"为什么不可能呢?"奎恩问道。

"好吧,"琳恩让步,"当然你可以这么做,但是,如果你的新想法并不现实或不成熟,结果一定不会太理想。"

"难道这不是实施者的工作吗？他们的责任是做出改进和调整。"奎恩问道。

琳恩摇了摇头，说道："不是。实施者是发动引擎的人，但是在开动马达之前，他们需要确定路线已经经过审查。"

奎恩继续追问道："那为什么构思者不负责审查呢？"

我插话道："因为他们未必擅长审查。他们专注于想出新想法，而不是评估这些想法是否可行，我很确信这一点。"

"这就是中间圆圈的意思吗？"克里斯问道，"判断一个新创意是否值得付诸行动？"

"是，但不止于此。让我来解释一下三个阶段中每个阶段的具体意思。"我答道，尽管此时我并不是完全有把握。

奎恩皱起眉头。他问道："抱歉，同事们，可是我不明白，这个模型和布尔为什么发脾气有什么关系。"

贾斯帕回答了奎恩的问题，这让我松了一口气。贾斯帕的语气和神情一反常态地严肃起来，说道："你会明白的。这个模型能解释布尔发脾气的缘由。"

奎恩困惑的神情立刻放松，表现出期待："好吧。你成功引起了我的注意，我很想听下去。"

"我喜欢这个东西。"克里斯突然说了这么一句，出乎所有人意料。

在场的所有人，包括我，都感到惊讶。

克里斯解释道："这个话题，我聊一整天都没关系。"

这句出乎意料的评论让房间里的气氛顿时变得热烈，我很高兴。

贾斯帕突然有了新发现。他说道："这个东西，真是荒谬。"大家都蒙了。贾斯帕指指我，又指指白板上的模型，解释道："构思者布尔，以及构思者布尔的荒谬创意，奇思怪谈。"

要是别人这么说，大家肯定会吐槽。但贾斯帕身上有股魔力，总能逗我们发笑。

于是大家都笑了起来。

那一刻，大家都表现得非常感兴趣，对此我非常满足。

细化

为了引导讨论继续，我说道："所以，在工作中，我们必须有构思、激活和实施三个阶段。这三个阶段同等重要，只是构思是第一步，是我最喜欢和擅长的部分。"

突然，艾米显得有些困惑。

"等一下，布尔。我觉得我也擅长构思，但不像你那样能想出新点子。"

我盯着这些圆圈看了好几秒钟，试着解释道："似乎你总是我构思过程的一部分。我的意思是，你是和我一起进行头脑风暴最多的人，也许你比自己以为的更有创造力。"

她皱起了眉头，说道："不，我绝对不是有创造力的人。我从来没有。"她又想了一会儿，"我就是喜欢和你在一起探索一些未知的东西。"

我开始担心我们刚刚创造出的小模型会功亏一篑，这时琳恩开口道："也许想出一个新点子并不是构思的第一步。"

她的话对我们很有启发，她接着解释道："必须有人先找出问题所在，"她停顿了一下，"或者找到构思的契机。"

我的第一反应是不同意她的观点，但是艾米的困惑让我沉默。考虑了几秒钟后，我意识到琳恩是对的。"构思的第一步是产生问题、琢磨和思考问题，以及提出问题。"

"什么问题？"贾斯帕想知道。

"那些重要的问题，如艾米总是在问问题。为什么会这样？有没有更好的办法？这一块是否能有改善？在发明和创造之前，首先需要有人提出这样的问题。"

出乎所有人意料，克里斯走到白板前，擦掉第一个圆圈，然后在原位置画了两个圆。"这样是不是更准确？这里涉及两种不同的行为和技能。"

"但它们都是构思的一部分。"琳恩说道。

"我只是想说，"克里斯解释道，他的声音透着理性，令人信服，"不妨把这两部分分开，因为它们不是同一件事。放在一起会让人搞不清。"

我从克里斯手里拿过白板擦，不顾克里斯的担心，把我画的第二个和第三个圆圈擦掉，画上四个新圆圈。现在我们有了六个圆圈：构思、激活和实施三个阶段，每个阶段各包括两个圆圈。

"所以，你认为每个阶段都包括两个小步骤？也许我们不应该仓促地下结论。"贾斯帕说道。

我笑了笑，对他说道："不用担心，我的朋友。如果错了，我们还可以再擦掉。"

然后，当行政主管贝拉进来问我们吃什么午餐时，我们的讨论戛然而止。

厘清思路

吃完午餐后，我们回到白板前，上面的六个圆圈似乎在祈盼我们归来。

"我还是不明白为什么有六个步骤，确定只有六个吗？"贾斯帕率先重启讨论。"不如我们暂时别管那些圆圈和箭头，先搞清楚工作到底是怎么完成的。"

我赞同他的提议，其他人也都是如此。于是由贾斯帕主持讨论。

"让我们以某个具体的客户项目为例。你们今天的推介对象是哪家公司？"

"雷诺有限公司。"艾米回答道。

"是经营运动队和机场西侧大体育场的那家公司吗？"克里斯问道。

贾斯帕点点头，接着说道："好，那么这个项目是怎么开始的？"

我看着艾米，说道："这是你的主意，对吧？"

"应该是的。有件事我一直搞不懂，为什么我们的那么多客户都来自山的另一侧，或者说在我们国家的另一侧。正好有一天晚上我和丹一起看雷诺的曲棍球比赛，我突然有了一个想法，为什么我们不试着争取雷诺为我们的新客户呢？第二天我问了布尔这个问题。"

大家都在听，所以她继续说道："接下来我知道的是，布尔做了一个可以在太浩湖和机场播放的广告模型，还想出了赞助本地学校的创意，而且他还考虑与圣卢克医院合作，尤其是与处理伤病和康复的矫正科合作。"

我插了一句："说句公道话，广告是琳恩帮我做的。"

"是啊，"琳恩承认道，"但在我知道怎么回事之前，你已经完成了三幅画和若干标语。我只是告诉你哪些是好画，哪些该淘汰，建议你做了一些调整。我不知道这属于哪个阶段，但它肯定发生在构思之后。"

"这种能力叫鉴赏力。"克里斯宣称。

"或者说叫直觉，"我指着黑板补充道，"判断力、直觉和洞察力。有这种能力的人能向负责创造和发明的人提供反馈。像往常一样，你帮助了我，避免让糟糕或不成熟的创意走得太远。"

听了我的评论，琳恩似乎有些受宠若惊，尽管我的本意并不是讨好她，而是实事求是。

我走到白板前，把前两个圆圈补充完毕，然后在第三个圆圈里写下了"判断力""直觉"和"洞察力"。

琳恩开始做总结："所以，第一个是质疑、思考某个问题，或者是好奇某些事。第二个是创造或发明一个解决方案或新想法。第三个是……"她停顿了一下，尝试总结刚才的讨论，"评价和评估创意好坏。"

"我喜欢'洞察'这个词，"艾米说，"这更多的是关于良好的判断和直觉，而不是聪明。"

"你是说我不聪明吗？"琳恩打趣道。

"我是这么听说的。"贾斯帕照旧开着玩笑，表情故作一本正经。

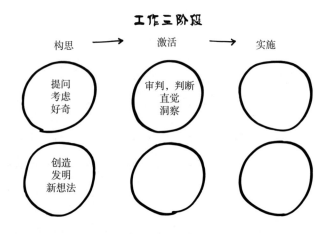

奎恩正盯着白板，似乎并没有听到这个笑话，"我跟你们说，"她停顿了一下，等到大家止住笑，接着说道，"这个模型很有道理，很多东西都说得通。"

"再跟我说说，这个模型是如何解释布尔为什么总是生气的。"琳恩要求道。

"嘿，"我表示抗议，"我不是一直都爱生气。"

"我不是这个意思。我本该说……"

我打断了她："我知道。我在跟你开玩笑呢。"

奎恩继续说道："那么，接下来该轮到激发了吧？"

艾米回答道："我觉得是。一旦我们觉得某个想法、提议或计划很好，那么下一步是要让人们产生兴趣，并且热情高涨。"

就在那时，我的脑子里灵光一现，我又有了新想法。

暴躁诱发因子

"我刚意识到一点。擅长某项任务或工作，并不意味着你喜欢一直做这个任务或工作。例如，我可以很好地激发和推动别人，但我并不喜欢这么做。一段时间内，如果我总是不得不激发和推动别人，我会感到精疲力竭，灰心丧气，挫败感严重。"

"但是，如果你是我们之中最擅长做这件事的人呢？"贾斯帕问道，"而且，谁能把所有时间都花在做自己喜欢的事情上呢？"

"嗯……"我想了想，说道，"不要误解我的意思。每个人的工作中都包含不喜欢的部分，有时候我们不得不忍受。"

大家似乎松了一口气，明白我不是在空谈乌托邦式的理想主义理论。"但是，以我的亲身经历证明，如果不得不经常做不喜欢的事情，一个人可能会变得非常不快乐，也许会变得有些苛刻或刻薄。"

"我想我们完蛋了。"贾斯帕轻轻地说道。

"差不多吧。"我开玩笑地回答他。

这时，奎恩皱起了眉头："也许我们并不需要有人激发呢。"

艾米也皱着眉头思考，然后她摇了摇头，说道："不对。假如布尔不激发我们，我们完成的工作会连一半都不到。我们需要有人推动。"

"明白了吧？我们完蛋了。"贾斯帕重复了一句。

"也许我们习惯了布尔的坏脾气就好。"奎恩淡淡地说道。

艾米摇了摇头，说道："不行，那不行。这对他不公平，也会让其他人不开心，而且，最终他会没办法做别的事情，做能真正令他开心的事情。"

"你喜欢做什么事情？再说一遍吧！"贾斯帕问我，表情再次变得严肃。

我走到白板前，指着第二个和第三个圆圈说道："我喜欢发明和创造，喜欢评估和评价。"

贾斯帕盯着白板，说道："发明和创造这两个词很准确，我喜欢这两个词。但我觉得艾米说得对。另一个词应该叫'洞察'。这些是你的天赋。"

"天赋？"琳恩问道，"这是什么意思？"

"你知道的。天赋，才华，是你特别擅长、超出其他人的东西。例如，布尔的天赋是善于发明创造，而且他眼光敏锐，有深邃的洞察力。"

克里斯和奎恩点头表示同意。

贾斯帕继续说道："但他并不善于推动他人，这不是他的天赋，所以我说我们完蛋了。"

"别轻易放弃嘛，"艾米半开玩笑地责备贾斯帕，"我们会有办法的。"

向前推动

我想让讨论氛围变得轻松、积极，于是说道："每次当我不得不推动大家，让大家重新聚焦于目标时，我会变得急躁，不过这并不是一个无法克服的问题。"

"但这不是你作为首席执行官的工作职责吗？"奎恩问道。

"是吧，我就是这个意思。"贾斯帕挺骄傲地说道。

琳恩帮我澄清道："布尔的工作职责是确保我们目标明确，并且有足够动力去实现目标。但事实是，我们其他人不喜欢劝诫、督促和激发别人，所以总得布尔去做。"

克里斯突然显得很惊讶，他转向我，问道："布尔，你真的很讨厌督促和激发别人吗？"

我缓缓地、认真地点了点头，说道："是的。它让我精疲力竭，心力交瘁。"

大家都在认真听着，所以我接着说道："就像我告诉艾米的那样，我每天高高兴兴去上班，期待着想出有创意的想法，我也喜欢用自己的判断力来评估别人的想法。然后我走进公司的大门，觉得为了让大家聚焦于目标，我必须把大家都已熟悉的目标再强调一下。直到几小时前，我才意识到是这么回事，但这个矛盾一直在破坏我对工作的热情。而且不仅是现在，而是多年以来一直如此。现在我终于明白为什么在我职业生涯早期，我曾多次患上'周日忧郁症'。"

我不得不向琳恩解释什么是"周日忧郁症"。

克里斯突然嘎嘎地笑起来，以至我们都好奇地转头看他。

克里斯突然宣布："好吧，我想说的是，我喜欢督促和激发别人！"他的语气显得既兴奋，又有些失落。

他停顿了一下，又看了看白板，接着说道："这是我最喜欢的工作任务，我希望以后你能让我多做一些。"

大家都没说话，等着他解释。

我说道："说说是怎么回事。"

"我总是提醒自己，我应该待在自己的泳道，把注意力集中在行政和财务方面，少管不相干的闲事。对于公司其他事务，如客户事务和工作进度，我不想让人觉得我越俎代庖，所以我总是尽量让自己保持沉默。"

"真的吗？"琳恩回答道。

"真的什么？"克里斯反问道，"你觉得我是喜欢劝诫和督促别人，还是只愿意完成自己工作事务的人呢？"

琳恩笑了笑，有点不知道该如何回答："你觉得我们不希望你插手我们的业务吗？"

克里斯犹豫了一下，然后点了点头，说道："是的。"

"你想要更多地参与？"琳恩问。

"是的。"克里斯点了点头。

"哈，万岁！"我叫道，"我现在有了一位首席劝诫官！"

工作细节

克里斯洋溢着笑容的脸上，突然显出一丝犹豫，他插话道：“等一下。那我得管多少事儿？”

“放心！所有的事情都有你的份儿。”

连贾斯帕也忍不住笑了。

我接着说道：“你得参与到我们做的每一项工作中来，不过你的主要工作职责是推动工作进展，督促和激发员工，确保大家工作时动力十足，保持干劲儿。”

“那我得花多少时间啊？”他好奇地问道。

“取决于你想要多少时间，”我向他保证道，“不过不会像你以为的那么多。关键的问题是，”我故意停顿了一下，接着说道，“这个任务可是相当有意思，一旦沉浸其中，你根本没时间担心时间的问题。”

艾米疑惑地说道：“我没太听懂。”

“我也不太确定，但是不用担心，克里斯马上就会获得我的授权。”我愉快地回答道。我犹豫了一下，接着说道：

"他的职责是随时了解我们的工作任务，确保我们不偏离轨道。"

艾米皱了皱眉头，向我抛出了另一个问题："那你就完全不参与督促和激发别人的工作了吗？"

"当然，我也得参与。我的身份是克里斯的首席劝诫官。如果他在这个岗位上没有表现出足够的工作热情或行动，那么我会很乐意参与其中，为他提供必要的帮助。但是大家可别忘了，克里斯喜欢动员和激发别人，他擅长感召员工，推进工作任务。今后他就有更多可发挥的空间啦！"

已经搞清状况的克里斯突然笑了，问道："那我什么时候可以走马上任啊？"

大家都缓了一口气，房间里的气氛一下子就轻松了起来。

贾斯帕站了起来，把双手举得高高的，说道："耶！我们还没有完全完蛋！我们还有救！"

大家忍不住又哈哈大笑一场。

我看着克里斯，对他说道："现在，我正式任命你为首席劝诫官。"

"可以叫我首席激发官吗？劝诫这个词，听起来像是在监狱对着犯人一样。"

"激发更好听，也更准确。"琳恩发表了看法。

"那就叫首席激发官了！"我表示同意。

"那我现在可以担任首席厕所官了吗？"贾斯帕边说着，边站起来朝门外走去，"我可忍了整整20分钟了"。

于是大家决定休息10分钟。

新官上任

大家回到会议室时，发现新任首席激发官克里斯站在白板前。他已经把白板上的内容全部擦掉，重新画了六个圆圈，非常工整。

"你看！这就是我刚刚说的嘛！我特别喜欢你抓起笔，开始带头干的这股劲儿！"看到白板的那一刻，我不禁如此感慨道。

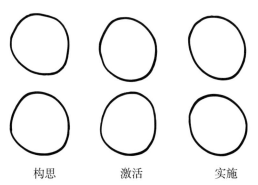

构思　　　　激活　　　　实施

"我要是不动员大家加油干，估计我们的晚饭都得在公司解决。"克里斯回答道。

就在这时，贾斯帕拎着两大袋外卖走进会议室。

克里斯的脸部肌肉抽搐了一下："好家伙，看来我们的工作效率要保不住了！"

"这可不行，我来给大家分发食物，你接着带领大家积极推进工作！"我说道。

两分钟后，大家都围坐在桌子旁，克里斯引导大家继续讨论，而我负责给大家分发食物。

艾米一边看着我打开一个个墨西哥卷和玉米饼的包装，一边提出问题：

"那么一个人究竟能拥有几项不同的技能，或者说天赋呢？"

"这个嘛，我们正在厘清思路的探索阶段，所以目前这个问题我也说不准。"我耸了耸肩，盯着白板看了一会儿，想努力找到新思路。

奎恩插话道："如果是我喜欢做，又能让我能量旺盛的事情，我最多能想出来两个。但如果只是擅长做，而不考虑是否喜欢做，那这个标准就有点太宽泛了，每个人都可能给出不同的答案，有些人很全能，就没有不擅长的事情。"

"那我们为什么不先把这个模型画完呢？整理出模型再来研究标准也不迟！要不然按照目前这样，我可想不出来我有任何天赋。"贾斯帕抗议道。

我同意贾斯帕的说法，于是我说道："我们现在像是无头苍蝇，只能凭感觉漫无目的地思考，也没什么头绪。我们甚至不会……"

贾斯帕打断了我，"这是哪门子比喻？你为什么把我们当成无头苍蝇？"

我把包玉米饼的锡纸团成团，丢向贾斯帕，"嗨！你明知道我要说的是什么意思！"

克里斯接过话题，说道："我认为，艾米很擅长思考问题。"

"但那可并不是我唯一的天赋！"艾米回应道。

"好吧，但至少这是你的天赋之一。而布尔擅长发明创造，并且极具洞察力。"克里斯补充道。

"洞察也是我的一个天赋，"琳恩宣称，"我丈夫说我的直觉和第六感很准。"

大家纷纷点头附和，表示赞同她丈夫的评价。

克里斯在白板上的圆圈旁边分别写下了我们几个人的名字，并宣布道："很显然，我是唯一一个喜欢感召、动员、激发和督促大家的人。"

"下一个是什么？"艾米问道。

"为什么一定要有下一个呢？"奎恩问道。

"因为激发并不能让工作完成啊，"我解释道，"而且可怜的贾斯帕，我们还没发现他有什么天赋呢！"

"那么，有人感召和动员，再之后呢？"艾米提出了问题。

一瞬间，会议室鸦雀无声。然后琳恩回答道："那应该是实施，要有人响应激发官提出的感召和激发建议，开始行动起来。"

"像志愿者那样主动行动？"我问道。

奎恩努力思考合适的词汇："志愿这个词嘛，听起来气势上有些弱。我是说，志愿这个词听起来就不像是一种天赋，你们觉得呢？"

克里斯发话了："我也这么觉得。这并不像志愿者正在做的事情，而是在做一些新的事情。我管理过的一些优秀员工，他们特别擅长的，就是在紧急情况发生的时候来救场；甚至即使没有紧急情况发生，当有人在重要项目上需要帮助的时候，这些优秀员工总是会站出来，勇于承担，推动工作取得进展。"

"我就是这样的人，你说的就是我。"贾斯帕平静地说道。

奎恩、琳恩和艾米几乎同时感叹道："真的！""确实是！""这相当贾斯帕！"

我也插话表示赞同："贾斯帕，虽然你是个刺儿头，但是你时刻准备帮助别人，哪里需要去哪里，而且默默无闻，从不吹牛。"

"我可是个相当低调的人！"贾斯帕自豪地说道。

大家纷纷赞同，表示："毫无疑问。""那当然，贾斯帕就是这样的人。"

然后，大家的焦点转向了奎恩。

"奎恩也是这样的人。"有人提出。

大家都同意这个说法。奎恩看起来有些不好意思，但也露出了骄傲的神色。

"那么，这种天赋，我们称为什么好呢？志愿天赋？支持天赋？"艾米问道。

"支持这个词好像说的是像我母亲那样的人！不是说我不爱我母亲。可是，如果将拥有这种天赋的人称作辅助者或支持者，那么给人的感觉是，这个工作一点儿也不重要，更别说很特别了！"奎恩抱怨地说道。

"我完全不同意你的观点。"克里斯的语气一下子变得很强硬。

大家突然都安静下来，一齐看向克里斯。

这位首席财务官兼新上任的首席激发官解释道："我虽然不太想承认，但是在这一点上，我的确做得很糟糕。如果我的生活、工作或家庭中，没有辅助者或支持者存在的话，我可能一无是处。他们的工作像救生员一样重要。"

"那也许大家可以叫我'救生员'，我喜欢这个名字，也喜欢这个工作。"贾斯帕戏谑地说道。

我又一次插话道："我认为，贾斯帕和奎恩，以及许多像他们一样的人，可以辅助他人取得成功，这就是他们的天赋。"

"艾米，你还记得布罗德摩尔保险的朗达女士吗？"

艾米激动得连连点头说道："大家都希望朗达女士能加入自己的团队，因为她总能让大家获得成功。"

"她就是有一种神奇的魔力，能让身边的所有人和事都进展得很顺利。"我补充道。

"她是行政助理吗？"贾斯帕问道。

"那可不是，她是位客户经理，就跟艾米和我一样，不过她不太擅长提出新的策略或构想，即便如此，我也非常愿意高薪聘请她，她会是我们团队的秘密武器。"

"但是，支持这个词，好像是怂恿别人做坏事似的。"奎恩又提出了异议。

有些人同意奎恩的观点。

"怎么会呢？撇开上面这些不谈，支持这个词能够大概反映拥有这项天赋的人实际做的事情。它不是指提供辅助、帮助，或者待人友善，而是促成事情取得进展。但愿我能成为一位支持者。"克里斯的语气很坚定。

"真的吗？"奎恩问道。

"那当然，我老婆一定也这么想。"他坚持道。

他本来说得挺严肃，但是大家都笑了。

他继续说道："我发现，能够根据他人的需求，提供恰当的帮助并不是一件容易的事。尤其是要参与和协助教堂活动，或者孩子学校的活动的时候，我就特别犯难。这些事我就是做不来。因为这点，我总感觉自己像个笨蛋。"

艾米大笑出声来，说道："我也是！我还以为只有我是这样呢！我是全世界最糟糕的理事会成员。让我去参加教区的理事会，还不如杀了我！当然这也不是牧师的错。我就是没办法这样做，因为在接受和理解团队的决定之前，我至少要问出一千个问题。"

奎恩突然笑了："哈哈，那我是个支持者，我是特别杰出的志愿者和理事会成员。"

"你还是个有团队精神的人。"我打断她，补充道。

"女士们，先生们，那我们选出了这项天赋的优胜者。"克里斯说罢转过身去，在白板上"支持"这个词的圆圈旁边，写下了奎恩和贾斯帕的名字。

"贾斯帕可算找到了一项天赋！"琳恩说。

"我总算不是个失败者了。"贾斯帕也为自己欢呼。

"那现在到了模型的收尾阶段。"克里斯宣布道。

"等一等，我还不确定这个部分是否就告一段落了呢！"艾米抗议道。

大家都停下来，看看白板，又互相审视了一番。

漫长的七秒钟过去了，我突然想到了些什么，说道："我知道了！还有一个！"

"让我们听听看。"我听到有人说，像是琳恩的声音。

"支持者并不是最终完成任务的人。"我说，这听起来有点矛盾。

"什么意思？"贾斯帕想知道究竟，他看起来有点恼怒，或者有些被冒犯到。

"虽然你是个支持者，但这并不代表你喜欢将任务完成，并越过终点线。"我小心地解释着。

"听起来还需要动员才能完事。"奎恩说。

"不是。动员是督促和激发组织中的其他成员或同事团结起来共同奋斗，还需要不同的东西才能完成工作。"我解释道，一边犹豫着，一边在脑海里搜寻合适的措辞，以更好地阐述我的想法。"有些人不喜欢动员别人，但是他们为了完成项目而生，是最盼望完成项目的人。即使面临困难，他们也会从头到尾跟进一个项目，否则他们就会非常沮丧和失落。在完成项目方面，他们颇有天赋，而且他们能够保证项目高水准完成。"

贾斯帕站起来说道："我不赞同你的观点。我喜欢提供支持，也喜欢完成任务。"他的语气里，透着些微可察觉的自我辩护感。

房间里一下子被沉默的气氛笼罩，最终打破沉默的是奎恩。

她说道："我讨厌完成任务。"

要不是房间里这么安静，大家可能都听不到她说话。但是鉴于当时会议室里微妙的气氛，她的声音也许算得上是尖叫。

"你是什么意思？"贾斯帕问道，他几乎要恼怒了。

"我喜欢帮助他人，帮助别人取得成功，这的确是我的天赋所在，"奎恩顿了顿，接着说道，"但是每当项目进行到最后的10%的时候，我就没什么精力跟进下去了。只要团队人员士气足够，项目进展顺利，我就会把精力转移到其他的事情上。我参与的项目中，至少有一半，甚至我都不知道最终是否顺利完成了。"

贾斯帕严肃地看着奎恩说道："亲爱的，那你真是，真是个……怪胎！"

这显然是贾斯帕硬拗的梗，想要秀一把幽默，但这一招的确奏效了。大家都狂笑起来。

贾斯帕接着说道："那你就从没想过把一件事坚持做到最后吗？"

奎恩腼腆地笑着，慢慢地摇了摇头，说道："我知道我是个支持者，而且我认为我也是个有洞察力的人，即使我之前没提起过。我只是自己默默地思考，但是我非常缺乏韧性，从未从头到尾踏实地完成过一件事。"

贾斯帕故作厌恶地冲着奎恩摇了摇头，而奎恩则开玩笑地朝着贾斯帕扔了个墨西哥炸玉米条。

克里斯看向贾斯帕，宣布道："所以你的天赋是支持和完成。"他把贾斯帕的名字写在了对应的圆圈边上。

"这可不仅是完成，就像奎恩说的，这是一种和难搞的事情死磕到底的精神。是不断推进工作直至最终完工，而不是督促做事的人。肯定有更恰当的词来形容这种天赋。"琳恩说。

奎恩大声宣布："是坚韧，贾斯帕和克里斯都有这种特质。"

克里斯摇摇头说道："我没什么可说的，但我的确认为坚韧是我的天赋之一。我的前老板这么评价过我，我老婆也是，这可是为数不多的她称赞过我的优点。"

"是啊，你是个非常坚韧不拔的人。你从不放过一丝纰漏，会一直调整和纠正问题，直到完全正确为止。这也是我非常欣赏你的品质之一。"琳恩说道。

克里斯朝她笑了笑，点头致谢。

琳恩接着说道："当然，这也是你身上让我抓狂的特质之一！不光是你这个人！还有你那些严苛到愚蠢的费用支出报表！"

大家都笑了，克里斯也不例外。

不速之客

克里斯放下笔，走到桌子前吃了一口玉米煎饼。

"我觉得克里斯应该休息五分钟，去吃点东西。"艾米建议道。

就在这时，有人敲门。

还没等我们说"请进"，门就被打开了，安娜拿着一个大塑料罐走了进来，我们都知道里面装的是燕麦片和巧克力曲奇饼干。

房间里的气氛顿时热闹了起来，安娜的到来很受欢迎，因为大家都很喜欢安娜。尽管大家知道又要吃同样的饼干了，但这丝毫没有减弱他们欢迎安娜的热情。我的妻子总是做一模一样的饼干，并且拒绝做其他口味的饼干。上次我建议她做一些纯燕麦片饼干，她看我的眼神就像我疯了一样。

"我想我应该过来给你们送点儿点心。"她边说边把塑料罐放到桌子上。她逐一和我团队的人或拥抱、或挥手、或口头寒暄，然后她开始发问。

"你们写的是什么？"她盯着白板上我们写下的东西问道。

大家你看看我，我看看你，好像在说，你告诉她。然后突然，所有人同时哈哈大笑起来。

艾米首先发言道："你想让我们从哪里开始说起呢？"

安娜举了举手，说道："我不想打断你们，也不想影响你们的工作进度。我只是好奇。"

贾斯帕插话道："你没影响我们。只是我们很难解释，因为我们自己也正在摸索。"安娜点点头，眼睛仍然盯着白板上的字。

"但是，"贾斯帕继续说道，"我们觉得，我们找到你丈夫总是怒发冲冠的原因了。"

安娜突然转过头来，朝向贾斯帕和其他团队成员，并在桌子旁边坐下，说道："是吗？那我可得听听，很高兴打扰你们！"

我开玩笑地提出抗议道："这不公平。"

"你说得对，"安娜嘲笑我，"整个谈话过程我都不在，这太不公平了。"

大家都同意她的说法。

　　"好吧，"我宣布道，"那么从你们之中选一个人，负责给安娜介绍一下我们正在做的事。她应该有这个权利，她可是给我们带来了曲奇饼干呢。"

　　事实是，安娜在大学里学的是心理学和神学，我们的谈话主题正合她的口味。我相信她会喜欢我们接下来的谈话，并且会补充一些我们忽视的内容。

　　克里斯问道："那么哪位同事志愿完成这个任务？我要去吃饭了。"

　　贾斯帕举起了手，说道："既然我很擅长支持和辅助性工作，那么让我来！"

　　琳恩站了起来，说道："我来帮你。"

　　说着，他们一起走到白板前。

复盘

"在你开始讲之前，"安娜问道，"我能问你一个问题吗？"

"问两个问题也没问题，只要你愿意。"贾斯帕以他惯有的幽默方式回答道。

"你们这次开会的目的，就是想弄清楚为什么布尔最近这么难相处吗？对你们来说，这有那么糟糕吗？"

贾斯帕悲伤地皱起眉头，"挺可怕的，安娜，挺可怕的。"

大家都忍不住笑了起来。

艾米解释道："布尔很好，安娜。但我们都想弄清楚为什么最近他很容易就情绪失控，这才有了现在这个会议。但我们讨论的内容，远不止这些。"

安娜似乎松了一口气。

贾斯帕的话还没说完，"但你应该知道，安娜，"他停顿了一下，"这其中大部分内容都和你有关。"

有一刹那，安娜显得有些担心。

"打住！贾斯帕。你太刻薄了！"奎恩一边朝贾斯帕大喊，一边强忍着笑容，但其实她并没忍住。

她转向安娜，说道："别担心，这跟你没关系。"

安娜把一块饼干向贾斯帕甩了过去，贾斯帕接住，放进嘴里。

琳恩插话道："基本上，我们找出了六类不同的工作任务，为了完成任何一件事情，都必须要有人分别完成这六类任务。"她指着白板上的六个圆圈，接着说道，"没有任何一个人擅长所有这六类任务。换句话说，大多数人并不擅长其中的某些工作。"

安娜继续问道："可是，布尔到底为什么总是这么充满怒火？"

"嘿，"我再次抗议道，"我并没有总是充满怒火。"我想了想，说道："我只是脾气暴躁了些。"

安娜笑了："对不起，亲爱的。"

琳恩继续说道："过几分钟你就会明白。基本上，他一直在花很多时间做一些他不喜欢做的事情，但是我们其他人也不想做这些事情。"

"好吧，我耐心点，你们继续说吧。"安娜回应道。

此刻，贾斯帕的嘴里还嚼着饼干，他忍不住插了话。

"第一类工作任务叫好奇，是关于思考、考虑和琢磨问题的，也包括提出问题。"

"什么样的问题？"安娜问道。

贾斯帕把饼干咽了下去，说道："如有人总爱问这样的问题，如有没有更好的办法？有什么不对劲吗？我们是否充分发挥了自己的潜力？"

"我就爱问这样的问题。"安娜宣布道。

艾米也说道："这也是我的一个天赋。"

"天赋？"安娜大声问道。

"是的，"我解释道，"这是贾斯帕想出来的。我们每个人都有不同的天赋。"

"我喜欢这个说法，"安娜说道，"你们继续吧。我尽量不打断你们。"

我喜欢看安娜和同事们互动。

贾斯帕接着说道："有好奇天赋的人善于提出问题和识别关键问题，于是就有了第二个工作天赋：创造。"

"这听起来像是布尔的一个天赋。"安娜宣称。

"你说得没错，"贾斯帕点点头，"想出一些新奇的东西，如创意、产品，或是一家企业等。有创造天赋的人善于发明和创造新事物，并且为之孜孜不倦。"

安娜看着我说道："说的就是你。"

我点了点头，说道："这是我最喜欢做的事情之一，即使在没有必要的时候我也喜欢做。"

她笑了："所以这才是上天赐予的，是你的天赋，是这样吧。"

"完全正确。"贾斯帕肯定了她的话，"天赋给予了我们能量，让我们不由自主。"

"好吧，继续。"安娜兴奋地催促我们。

琳恩开始接了话，说道："创造之后的下一个天赋，我们决定称为洞察。有这一天赋的人，拥有强大的本能、直觉和判断力。这样的人直觉一般很敏锐，单凭直觉就能判断出哪些创意或计划不错，哪些需要完善，哪些不尽如人意。"

"意思是说，他们是专家吗？"安娜问道。

我插话道："不是，不一样。这些人就是有很好的直觉和判断力，即使是对于不太了解的东西，他们也能有很好的判断。而帮助他们做出判断的，未必是符合逻辑的思考方式或具体数据，而是他们天生就能看到其中的模式或……"

安娜打断了我："我明白了。"她看了一下房间里的人，最终眼神落在了琳恩身上，说道："你的判断力很敏锐，不是吗？"

琳恩的眼睛睁得大大的："你真厉害！"

"遗憾的是，安娜可不是有敏锐判断力的人。"贾斯帕在一旁郑重其事地说。

"你为什么这么说？"我问他，有些想要替安娜辩解的语气。

"因为她嫁给了你，"贾斯帕继续说道，"但是你的判断力很好，布尔，因为你娶了她。"

安娜又扔给贾斯帕一块饼干，贾斯帕用自己的嘴接住了。

"好了，那么下一个天赋是什么？"她问道。

"接下来，让我们来看看为什么你的丈夫总是这么让人头疼。"即使嘴里塞满了饼干，贾斯帕也不忘开玩笑。

飞速运转

安娜看了看手表，说道："你们能在10分钟之内说完吗？一会儿我得接马修去看医生。"

贾斯帕开始了："好，我们接着说。下一个天赋叫作激发，是指能够集结团队，激励他人，督促他人不断前进。"

安娜看着我，好像在试图读懂我的心思。"你很擅长这一点，是吧？"她迟疑地说道。

我点了点头，说道："如果你的问题是，我是否能做到，我的答案是肯定的。但是如果你问的是，我是否喜欢去做，我的答案则是否定的。"

"但你总是那个催着我们去教堂，督促我们做家务或做作业的人。"

我点了点头："可是我特别讨厌这么做。我从来都不喜欢催促别人，但这么多年来我已经习惯了这样做。事实上，我总觉得我不得不做个坏人，只是为了能让大家行动起来。"

安娜的眼睛睁得滚圆，好像她刚刚看到了什么令人震惊的东西："天呐，原来是这样！"

她的奇怪反应让屋子里的每个人都大为不解。

"怎么了？"我问她。

她解释了她的"大发现"："这就是你为什么不喜欢和德比一家一起度假，不喜欢周日早晨，也不喜欢参加孩子们的童子军活动。"

她似乎能明白我了，对此我特别欣慰。

"德比一家是谁？"克里斯问道。

我回答道："他们是我们家的老朋友，大概每年都和我们一起旅行一次。我们两家一起去过很多地方。他们是非常不错的一家人。"

安娜解释道："但是德比家的人都不喜欢召集人们做事情。因为我也不喜欢，所以每次都得布尔提议，我们去徒步旅行吧！我们去看鲸鱼或打高尔夫吧！每个人都很嫌弃他的提议，因为重复参加同样的活动让人觉得无聊。"

"不仅是因为这个，"我补充道，"甚至在我们去度假之前，安娜和帕姆，也就是德比太太，总会想出一些天马行空的主意，我每次都得想办法说服他们放弃一些念头。"

安娜有些不解，她看着白板，问道："这跟天赋有什么关系？"

"这涉及判断。一般情况下，我总是那个说'等等，那样不行'的人。"

似乎安娜并不买账，我得找个例子："还记得有一次你说我们应该去大峡谷徒步吗？"

安娜尴尬地笑了，她点了点头，以示让步："记得。"

"徒步大峡谷有什么不好呢？"贾斯帕大声问道。

"当时，我们的两个孩子一个五岁，另一个三岁，"我解释道，"而德比家有一个孩子才九个月大。"

安娜忍不住哈哈大笑，她边笑边说道："我和帕姆还以为可以带上保姆呢！幸亏你说服了我们。"

克里斯的话把我们拉回到主题："他总是要持续不断地激发别人，这正是他变得如此暴躁的原因。"

安娜看着我："你最早在前两家公司工作时，经常出现坏情绪，也是这个原因吗？"

我点了点头："无疑是的。升职后，我再也不能做自己喜欢做的工作，而是不得不总是一直督促别人。督促别人让我感到内疚。我很讨厌这么做，而总是要做自己讨厌的事让我感到更加内疚。久而久之，我就会忍不住发脾气。"

"你现在也是一样。"艾米解释道。

突然，安娜显得既为我难过，又为我担心："那么，你打算怎么办呢？"

克里斯举手示意，他说道："以后我可以做更多的激发工作，这样布尔就可以把大部分时间用于发挥他的创造和洞察天赋上了。"

安娜对我皱起了眉头，说道："但我觉得偶尔你还是要去激发别人。我的意思是，有时候每个人都得做一些自己不喜欢的事情。"

"是的，我们已经明确了这一点，"我同意道，"其实，我真的不介意偶尔做一些不喜欢的事情。只是当我不断被拉向那个方向，以至能做我真正擅长的事情的时间和精力越来越少时，才会出问题。"

"这太有趣了，"安娜说道，"那么，下一个天赋是什么呢？"

奎恩接过话，说道："嗯，当有人督促时，得有其他人回应督促，"她看了看黑板："我们把这项天赋叫作支持天赋。"

"贾斯帕有这种天赋，"琳恩解释道，又加了一句调侃，"但同时你不得不忍受他那刻薄的幽默，所以两者抵消了。"

安娜挺喜欢贾斯帕的性格，想替他辩解："贾斯帕也没那么刻薄。"

"有，我是刻薄了些。"贾斯帕澄清道，"但别人有需要时，我愿意随时伸出援手。"

我转向安娜："这一定也是你的一个天赋。"

"你这样认为吗？"她似乎不太确定。

"别不相信！每次只要你一去学校或教堂，总会带着一个新任务回家。"

她点了点头："你是对的。这个我控制不住。我喜欢帮助需要帮助的人。"

"而且你特别擅长了解别人家里的需求。这是你的天赋。"

她态度柔和了些："我只是希望自己知道如何激发别人，好让人们能多帮我一些。我常常发现，在最后时刻我自己总是有做不完的事情。"

"我也是，"奎恩喊道，"我总是抱怨没有人帮我。但我必须承认，我不怎么主动让人帮忙。"

安娜看着我，笑着说道："布尔也总是这么说我。"

克里斯插话道："好吧，安娜。趁你还有五分钟的时间，让我们说完最后一项天赋。"

"好，让我来。"

贾斯帕转向白板，边说边写："支持之后的天赋，也是最后一项天赋，就是我们所说的坚韧。有坚韧天赋的人，热衷于坚持做完事情。越过终点线能让他们获得能量、快乐和满足感，即使这意味着他们必须努力克服障碍。"

"这听起来像是激发。"安娜想。

"不一样，"贾斯帕解释道，"坚韧是关于任务本身，而激发是关于凝聚人心。坚韧是坚持推进工作，直到工作按时完成，达到标准。"

安娜看着我笑了，说道："那绝对不是我。"

"也不是我。"我附和道。

她笑了："这就是为什么我们都不喜欢洗衣服、按时交纳各种生活杂费或修剪草坪的原因。"她停顿了一下，说道："还好我们有四个孩子帮忙做家务。"

"哪一个孩子负责交费呢？"克里斯问道。

安娜笑着说道："我是来看看你是否愿意在我们家做点兼职的，克里斯。"

克里斯也开起了玩笑："如果你给我做饼干，我会考虑的。"

安娜看了看表，又看了看我："那么，我的天赋还有什么呢？"她回头看了看白板，继续问道："一个人能有几个天赋？"

我回答道："我不知道。这是个新问题，但我想我有两个天赋。"

贾斯帕插话道："我也有两个天赋。"

其他人研究了一下白板，纷纷表示同意。

"真希望我能多待一会儿！这太有趣了！我太喜欢和成年人交流了。"成天和孩子们打交道的安娜说道。

和往常一样，每个人都向她保证，欢迎她再来。

安娜走向门口，突然停下来，转过身又看了看白板，宣布道："我认为你应该把那些圆圈变成齿轮，那种咬合在一起的齿轮。她交叉着手指，向我们展示她的意思。所有天赋彼此互补，相互配合，我觉得这样的视觉效果会更好。"

当她走出大门时，大家都认为她的想法非常有道理。

"我们应该聘请刚刚出门的那位女士。"琳恩宣布道。

"你在开玩笑吧？"我抗议道，"那样我的生活就玩不转了，家里可就乱套了。而且，我觉得她会讨厌我的。"

贾斯帕表示同意。说完，我们又休息了一会儿。

天赋确认

休息回来后，艾米问了第一个问题："那么，这有什么意义呢？"

"能不能问得具体些？"贾斯帕说道。

艾米解释道："我的意思是，我们要用这个做什么？"

我说道："首先，我们要确认克里斯在激发方面的具体工作职责。我想，我们要变动一下他的工作职务，让他当首席运营官。"

克里斯在笔记本上记了笔记。

"其次，"我接着说道，"根据我们的六大工作天赋模型，我们要找出调整每个人工作的思路。"

奎恩举起了手，还没等我问就说道："有一点我已经明确了，我需要更早一点参与客户规划的制订，因为我可以比贾斯帕更好地评估计划，并做出必要调整。"

贾斯帕点点头，忍住没开玩笑。

奎恩接着说道："在我的团队执行任务时，需要让贾斯帕监督和审查，因为当遇到障碍时，我很容易停滞不前。"

贾斯帕再次表示同意，克里斯又记在了笔记本上。

"我无法描述，这对我的帮助有多大，"我宣布道，"看到克里斯正在记录这一切，并会提醒每个人需要做什么。老实说，我觉得自己解放了。"

艾米插了话："嘿，为什么我们现在不试着确认一下每个人的天赋呢？"

她的建议获得大家一致同意，于是克里斯迅速在白板上画了六个齿轮，并把每个天赋重新写了上去。

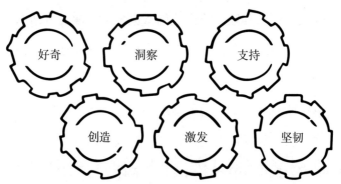

我为大家提供了一些指导思想："记住，这是关于你们喜欢做的事情。即使没有十足的把握，也要尽最大努力想清楚，做什么能让你精力充沛，让你发自内心地快乐。"

在接下来的10分钟左右时间里，每个人都盯着白板，写下了自己的答案。

克里斯主持讨论："好，让我们从布尔开始。"

"我很确定，我的天赋是创造和洞察。"我说道。

房间里的人都点头表示同意，克里斯在对应的两个齿轮旁边，分别写下了我的名字。

没有不同意见，于是克里斯指了指艾米。

"我想我的天赋是好奇和洞察"。大家考虑了几秒钟她的回答。

"我觉得你说对了，"贾斯帕宣布道，"你总是爱问问题，而且你确实有很好的判断力。"

艾米看上去很高兴，直到贾斯帕说完最后一句："但是你肯定没有坚韧天赋。"

大家都笑了。

"你真的很刻薄，不是吗？"艾米讽刺贾斯帕。

"嘿，我承认。"

克里斯指着贾斯帕，问他道："好吧，刻薄的家伙，你的天赋是什么？"

"支持和坚韧，对吧？"

艾米嘲笑他说："反正肯定不是洞察。"

贾斯帕笑着继续说道："你知道，尽管我不想承认，但你说得没错。我并不总是相信自己的直觉，我喜欢数据。我经常纳闷布尔的直觉究竟是来自大脑的哪个区域。但他通常是对的，所以我就是相信他。"

克里斯把名字写在白板上，然后转向琳恩。

"我想我需要一些帮助，"琳恩停顿了一下，说道，"我可以排除创造和激发，它们是我觉得最恐怖的事。"她盯着白板上的齿轮，好像答案在上面："我觉得我在坚韧和支持两个方面的表现也很一般。"

奎恩插话道："没错。所以你的天赋是洞察和好奇。"

"记住，"我补充道，"关键是什么能给你带来快乐和能量。我不知道你是否喜欢洞察，但你的判断力很强。"

琳恩皱着的眉头舒展了："是的，没错。对我来说，评价你的创意真是太容易了，布尔。我不知道你的创意从何而来，但一旦它们出现在我面前，我真的很享受给你反馈、帮你找出最佳方案的感觉。"

艾米回应道："对于你的洞察天赋，我一点也不陌生。在我们确认是否知道自己在做什么之前，你从来不会放手。但是，好奇是你的天赋吗？"

琳恩笑了："如果你们能在家里看到我，你们会震惊的。戴夫说我会盯着窗外陷入沉思。我经常好几小时都在思考，我想我只是在公司不怎么提出问题。"

"等一下，"我打断了她，"去年圣诞节最初是谁想出专门为某个慈善机构筹款的主意的？"

琳恩回应道："是你在市中心找到了那家收容所。"

我摇了摇头："但是，是谁说我们应该专注于一个慈善机构，这样我们才能真正有所作为呢？"

没有等她回答，我接着说道："是你。而且是你一直在说我们之前的印刷机供应商不是太好。"

克里斯点点头："是啊，你一遍又一遍地问我，为什么没有找到更好的打印机？这些打印机是最好的吗？快把我逼疯了。你问过我多少次这些问题？"

琳恩微笑着，举起她的手，五指伸开，说道："至少五次。"

克里斯也笑了："你和艾米总是迫使我们在做决定前，再认真考虑考虑。"

"但是我们会把你逼疯的。"艾米争辩道。

"不，"我反驳道，"是你们把贾斯帕逼疯，因为他一心只想往前走，把事情做完。"

大家一致同意。

克里斯举起手，微笑着说道："他们也会把我逼疯。"

琳恩笑着向克里斯发起挑战："克里斯，你的天赋是什么？"

"嗯，我想我们刚刚已经确定了，我喜欢激发和坚韧。"

"绝对错不了，"琳恩表示同意，"这就是你的本质。"

"那奎恩呢？"艾米问。

"她绝对有支持天赋。"贾斯帕说道。

我补充道："奎恩的洞察力也很强。"

艾米补充道："你们知道的，每当我需要关于一个项目是否可行的第三人意见时，我就会去找奎恩。"

"我喜欢别人问我意见，关于任何事，真的。"奎恩承认道。

贾斯帕大声笑了起来，他看着奎恩说道："我的年龄是你的两倍，在广告方面的经验也比你丰富得多，但我还是会问你对每件事的看法。在我把东西发给客户之前，我会先给你看；在决定媒体合作伙伴之前，我先问你。我甚至会问你给我妻子买什么生日礼物。"

"那就是洞察的天赋，"我确认道，"我们一致同意，奎恩有一双能明辨是非的慧眼。"

克里斯把奎恩的名字写在了白板上，这样团队的信息就完整了。

这时，有几件事情迫不及待地跳了出来。

妙思偶得

我首先发言："无疑这能解释一些问题。"

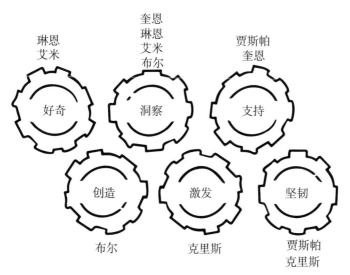

"我们中的大多数喜欢好奇、洞察、支持和坚韧，而创造和激发，各有一个人喜欢。"

"这是什么意思呢？"琳恩大声问道，不知道她在问谁。

我还没来得及回答，奎恩抢先回答道："意思是，我们真的需要克里斯来做大部分的督促工作，这样布尔才能专注于发明和创造。"

艾米点头表示同意，但同时皱起眉头。

"怎么了？"我问她。

"嗯，我觉得奎恩说得完全正确，但我有一种感觉，我们在这里似乎遗漏了什么东西。"

"说说是什么。"我催促她。

"我不知道。只是……"她停顿了一下，说道，"我不知道。"我们坐在那里，让艾米厘清思路。最后，她宣布道："是其他四项。"

"说下去。"我鼓励她。

"这对我来说很难解释，"艾米边思考边说道，"我的意思是，如果有两件事情是我特别喜欢做的，那么它们是我的天赋所在。这个我明白了，那么其他的东西叫什么呢？"

没有人回答，我们都盯着白板看。

"这是我最喜欢做的事情。"我说道。

"什么？"艾米问道。

"弄明白诸如此类的新问题，我马上就能想出答案。"

贾斯帕回答道："这就是我不明白的地方。你是怎么做到的，你为什么喜欢做这样的事情呢？"

这时，我的灵感来了，我说道："好的，贾斯帕，咱俩来玩个游戏怎么样？告诉我你有多讨厌创造。"

"我只是开个玩笑。"他似乎略带歉意。

"不，我是认真的。你有多讨厌发明和创造呢？或者，你有多讨厌其他任何不是你的天赋的工作任务呢？"

贾斯帕考虑了一会儿才回答，"嗯，"他看着白板说道，"我有时也会好奇啊。你们知道的，我时不时也会沉思，通常手里还会拿着一杯啤酒。"

他的话逗得我们哈哈大笑。

他接着说道："虽然我的判断力不是太好，如我需要请教奎恩给我妻子买什么生日礼物，但对客户的需求，我还是能略知一二的，我有一些直觉，所以我并不讨厌做需要判断力的事情。"他停顿了一下，说道："但我可以说，我真的、真的很讨厌激发和劝导别人，与其督促别人做他们还不想做的事情，不如我自己去做。"

"那创造呢？"艾米想知道。

"要是有人让我想出一些新创意，而没有为我提供任何指导原则或框架时，我会受不了。我真的、真的很讨厌这个。"

我转向艾米："你呢？"

"我是否讨厌创造？"

"不，告诉我们，你对这四项不是你天赋的事情是什么感觉？"

"我明白了，"她说道，"让我想想。我不是天生的发明家和创造者，但如果有必要，我也能试着发明和创造，但我不可能到布尔那样热爱的程度。"

她停顿了一下，仔细研究了一下白板上的内容，说道："我并不介意偶尔辅助别人完成任务。但同样，这不是我最喜欢的事情，但我也不害怕去做。"

她吸了口气，说道："我之前说过，我真的很讨厌激发别人，这耗尽我的精力。另外，虽然我不愿意承认，但贾斯帕说我没有坚韧的天赋，他的评价是对的。完成任务不能让我获得能量。一个项目的初始阶段结束后，我就会失去兴趣，想要继续做下一个项目。"

克里斯低声说道："我没有别的意思，对没有坚韧天赋的人，我也没有意见，不过，艾米……"他犹豫了一下，继续说道："但那听起来像是懒惰。"

"哦！"贾斯帕大喊道，"克里斯刚才说艾米很懒。"

大家都被逗笑了，除了克里斯。

"我不是这个意思。我是说这听起来像是……"他带着歉意表示抗议。

艾米打断了他的话，说道："我明白你的意思。放心吧，我没生气。"她又想了片刻，说道："但是我并不觉得自己很懒。"

"就连我都知道你不懒，"贾斯帕宣布道，"尽管我很想说你很懒。"

我突然想到些什么，说道："你们知道吗？我总是因为不喜欢把事情做完而感到内疚。是的，我有时会因此而觉得自己很懒，但其实我不想做完事情，只是因为这太消耗我的精力。"

"你绝对不懒，"琳恩肯定地说道，"但难道只是因为你不喜欢坚持做完一件事情，就该给你发一张豁免卡，好让你躲开工作的这个部分吗？"

每个人都看着我，似乎等着我回答。

"当然不可能这样，每个人都要做自己不喜欢的事情。但如果我们非得塞给某个人一份工作，要他做很多他很讨厌的事情，那我们就太不明智了。"

"那些他们不讨厌但也不喜欢的东西呢？"她期待得到答案。

"我认为这是不一样的。事实上，也许我们应该把其他四项行为也进行区分。如果我们热爱并天生擅长的是我们的天赋，那么我们讨厌的事情又该叫什么呢？"

"痛苦。"艾米答道。

克里斯把这个词写在了白板上，我们各自琢磨着。

我皱起了眉头，说道："比起痛苦，我更喜欢受挫这个词。但是我解释不出来为什么。"

我们都坐在那里，眼睛盯着白板，期待答案出现。

艾米打破了沉默，说道："是的，这真的是一种受挫的感觉。与其说是痛苦，不如说让人精疲力竭，让人觉得灰心丧气，失去斗志。"

贾斯帕也在一边帮腔说道："我们不要吹毛求疵了。受挫这个词挺好。"

克里斯擦掉了"痛苦"，写下了"受挫"。

"那么中间的那一类呢？不是你的天赋，但也不会导致受挫。"我追问道。

"能力，"奎恩建议，"可以在一段时间内做得相当好，即使并不喜欢。"

每个人似乎都觉得"能力"这个词很合适。

"就是这样，"我宣布，"六个工作步骤，六项天赋。我们每个人都有两项擅长的，两项能搞定的，两项怵头的。"

我们都只是坐在那里，盯着白板，好像在思考如何改善模型，或者，也许在试图找出不合理的地方。几乎整整一分钟，谁也没有说话。

克里斯打破了沉默，说道："我觉得我们应该再这么玩上几周，看看还会有什么收获。"

我们都表示同意。就这样，我们离开了会议室，每个人都有些疲倦，同时怀着一种莫名的期待，而我的心情激动得难以控制。

家庭分工

那天晚上我回到家，发现安娜已经开始把从我们讨论中获得的知识付诸实践。她把白板从家里我的小办公室搬到了全家的休闲娱乐室，还在上面画了六个齿轮。

她都没顾上跟我打招呼，就说起了六大工作天赋模型："所以，如果我的天赋是好奇和支持，而你的天赋是创造和洞察，那么我们在这里就完蛋了。"我忍不住笑了："哇，你说话开始像贾斯帕了。"

"我很抱歉，"她微微一笑，"我是说真的，我真的有点兴奋，我很感兴趣。"

我放下背包，走到白板前，看着安娜画的齿轮思考了一会儿。

我意识到，我还没给安娜解释关于工作能力和受挫的部分。所以在接下来的10分钟里，我向她进行了解释，然后，安娜的大脑更闲不住了。

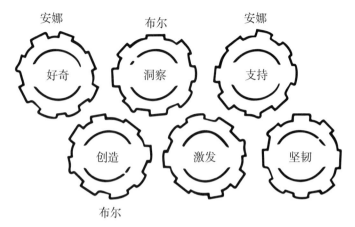

"我们一起来看看，"我说道，"咱俩都没有激发和坚韧这两个天赋，但是激发是我的一项能力，而坚韧是咱们俩都不喜欢的，也就是我们受挫的地方。这是我们家的一个麻烦。"

"没错。咱俩都不喜欢把事情从头做到尾，也不喜欢纠结于细节。"安娜宣称道。

"哎，"我说道，"难怪呢！很多事情都说得通了。"

"你说得对。例如，我们晚付账单，总是要交滞纳金，孩子们上学迟到，家庭预算超支，我们都没有记账的习惯。"

突然，我恍然大悟："坏了，这真糟糕。"

"什么？"

"我刚意识到，家里大部分需要坚韧天赋的事情，都落到了你的头上。我总是抱怨不得不督促别人，但至少这在我的能力范围之内。而你和我一样讨厌细节，记不住截止日期，也不喜欢实施工作，但你每天要做的很多家务事情都和这些天赋有关。"

我真的为她感到难过，要是我早几年前能意识到这一点就好了。

她研究着白板上的内容，说道："我有支持天赋，所以我很享受助人为乐。我一点儿都不介意去教堂做义工，开车接送孩子，协助童子军工作。只要我在帮助别人，我就会打心眼里觉得开心。但当我不得不做一堆琐碎的工作时，我就会失去兴趣，感觉无聊。"

"所以你才不介意在圣诞节举办派对或做20个人的饭……"

安娜打断了我，说道："但是我讨厌每天晚上做饭，而且吃完饭后收拾桌子、洗碗碟是我最头疼的。还记得那次感恩节，脏碗碟在水槽里整整放了两天吗？"她咯咯笑了。

"那怪我，"我承认道，"还记得你父亲经过厨房时有多么伤心欲绝吗？"

"我以为他要跟我断绝关系。他绝对有坚韧天赋。"

"那车库呢？"我突然意识到，"你父亲每次进到车库都会摇头，好像我们很丢人现眼一样。"

"那么，我们该怎么办呢？"安娜问道。

"他来的时候，我们就不让他进车库。"我故作郑重地回答道。

"我不是这个意思，你真笨。咱俩都没有坚韧天赋，这怎么办？只是知道这一点无济于事。"

"嗯……"我想了一秒钟，"首先，我们不会再内疚了，不是我们太邋遢、太懒惰，只是因为我们没有这方面的天赋而已。"

"这样想倒是挺美，"她承认道，"但是家务活怎么办呢？"

"也许我们应该想办法，把家务活更多地外包出去。"

"例如，雇个管家？"她笑了。

"《杰森一家》里面的那个家庭机器人，我们也来一台怎么样？那个机器人叫什么来着？"

"罗西，没错，我们也需要机器人罗西。"

"或者，也可以想办法雇人来家里做一些家务活，处理一些行政方面的事务，一周两三次就行。"

"行政事务？"安娜大声问道，"我们家居然也有行政事务？！"

　　"我们可以找一个大学生，哪怕是我们认识的人，只要他愿意帮我们交交费，跑跑腿，或者洗洗衣服。对于想赚点外快的年轻人来说，这可是一份很划算的差事。"

　　"这个人什么时候开始上班啊？"安娜开玩笑说道，"能不能让他每天早上给我打电话，提醒我每天的日程安排呀？"

　　这时我突然想起一件事："哦，坏了，坏了。"

　　"怎么了？"

　　"我的日程安排。我刚想起来，今晚我在教堂有个会。"

　　"什么会？"她问道。

　　"不是你给我报的国际艺术节策划委员会会议吗？"我朝她翻着白眼。

　　她有点儿尴尬，说道："抱歉，我很难拒绝，而且你说过，你愿意多参与。"

　　"看，这和支持天赋有关。你不喜欢说'不'，而对我来说，拒绝不是什么难事。"

　　"那你不去参加这个会议了吗？"

　　"去。我确实说过，我需要多参与。在教堂服务这方面，我得尽力做好分内的事，我现在去开会。"

"会议几点开始？"

我看了看表，说道："五分钟前。"

"没关系。"安娜安慰我。

于是我出发去教堂开会。

委员会会议

12分钟后我到达了圣马修教堂，如安娜所说，此刻走进会议室的，并非只有我一个人。

除了我和比我年长几岁的牧师约翰神父，还有七个人出席会议。

"大家好，我们开会吧。我不想让各位回去太晚。"约翰神父宣布道。

大家都坐了下来，第一道程序是约翰神父领着我们祈祷。

接着，一个年纪较大的人走到教室前面开始讲话，我不认识他，但记得做弥撒时见过。

"谢谢大家今晚的到来。我是芬恩·柯林斯，自鲍勃和佩吉·卡尔森退休以来，我已经主持国际艺术节7年了。诸位或许知道，在过去的几年里，参加艺术节的人越来越少，去年我们在这个活动上实际上是亏损的。所以，我希望今年秋天我们的节日能热闹些，最好能盈利。"

我特别想插一句："抱歉打扰了，芬恩，可是希望并不是办法或策略。"

但我最终忍住没说。

在教堂会议上的惨痛教训让我学到，说话太直接和诚实往往会得罪人，而且很容易让人反感，所以我保持沉默。

芬恩继续说道："好，现在让我们来确定分工，这样我们就可以着手推进工作。距离节日那天还有整整三个月时间，如果说我在过去的七年里学到了什么，那就是我们需要足够的时间来筹备节日活动。"

芬恩开始分发文件，我猜测文件上应该写着不同分工，要我们各自认领并签字。这时，我听到身后有一个温柔的声音问了一个很棒的问题。

"能说说举办这个国际艺术节的目的吗？"

我和同排的另外三个男人同时转过身，我看到一个矮个子女人坐在会议室后排位置，怀中还抱着一个熟睡的婴儿。我进入会议室时居然没看见她。

芬恩似乎被问住了，他说道："嗯……"他看了看约翰神父，回答道："国际节是我们每年都要举办的一个教会活动。"

我以为他会继续解释，我想其他人也是这么想的，因为我们都在静静地等着，但芬恩没再说什么。

怀抱婴儿的女士又试着问道："是的，这我知道。但是我们为什么每年都要举办这个节日呢？这个节日值得费这么多心思去规划和筹备吗？是不是有不同的，或者更好的活动形式？"

房间里鸦雀无声。芬恩看了看约翰神父，而约翰神父看了看坐在前排的一个人。

尽管那位女士提出的问题不无道理，而且毫无恶意，但是可以明显感觉到，此时的会议室中有一股紧张的气氛，似乎可以感觉到芬恩的紧张和尴尬。

这时，我决定出手干预，这次我可是真的说了这番话："我认为这个问题问得很有道理。偶尔进行回顾，确认事情是否仍然有必要，这样做总是没什么错儿。"

芬恩瞥了我一眼，我仿佛觉得他要跳过第一排折叠椅，过来掐我的喉咙。

坐在约翰神父旁边的一位女士接了话，说道："这个节日我们已经连续举办了25年，我认为我们不该浪费时间去质疑它的目的。"

就在这时，我想起了六大工作天赋模型。那个带着婴儿的矮个子女士并非刻意为难芬恩，她只是好奇而已。我有责任拯救她，即使我不得不和另外一位女士（姑且叫她教堂女士）针锋相对。

"大家等一下，"我转身朝着那个抱着婴儿的女士说道，"我觉得您问的这个问题很好，也很重要。我认为我们根本不应该把这个问题当作一种批评。"

房间里异乎寻常的安静，即使一根针掉下，也会是巨响。

我接着说道："在教堂做任何活动之前，当然，除了圣礼，我们应该总是自问，这个活动是否值得做，是否达到了预期目标。一般情况下，教堂不会因为担心有人不高兴而取消活动吧？"

一开始，没有人说话。然后约翰神父大声说道："你在开玩笑吗？我有这种感觉好多年了！我一直觉得取消某个活动或职位，是不被允许做的事情，所以我们每年总是不得不举行成百上千个大大小小的活动，可是其中没有哪一个活动，我们能保证有足够的资源和时间来把它做好。"

我本来以为那位教堂女士和芬恩会大发雷霆，但令人惊讶的事情发生了，他们两个人看上去反而显得轻松了许多。

这时，芬恩说道："各位，不要误会我。如果我们后退一步，重新评估节日的目的和价值，我是没问题的。"他笑了笑，接着说道："我只是以为这是个很神圣的节日，每个人都愿意摩拳擦掌，铆足劲干。"

我们都被他的话逗笑了，尽管芬恩的本意也许并不是搞笑。

芬恩接着说道："当我经营太浩建筑公司的时候，我们每半年对工作项目进行一次评估，为的是消灭一些意义不大的项目，保证我们专心做更重要的项目。"

我没听错吧？那个看起来总是睡不醒的老好人，教堂义工芬恩·柯林斯，是里诺–太浩地区最大的建筑公司的老板？真丢人，我低估了他。

这时，那位教堂女士插话道："嗯，当我还是美国航空公司负责人的时候，我们也有这样的评估环节。"

很明显她在逗芬恩。在场的每个人，最终都哈哈大笑起来。事实证明，教堂女士其实是一个很有幽默感的人，跟我想象的很不一样。我下定决心，以后决不能再轻易评判别人。

此刻，内疚和激动的心情搅在一起，让我有些控制不住自己，我举起手说道："我叫布尔·布鲁克斯，我想建议……"

矮个女士打断了我的话，说道："你是安娜的丈夫。"她兴奋地大声说。

教堂女士介绍了自己，她叫贝蒂，听到矮个子女士的话，大声说道："你的妻子人特别好。我很喜欢她！她是我们这儿最好的志愿者。"

因有安娜这样的老婆的骄傲取代了我的内疚，我说道："我会把您的话转告给安娜。谢谢！"我停了一下，接着说道："所以，如果大家觉得可以的话，我想就这个问题组织一场简短的公益讨论会。我在我的广告公司这么做过，我觉得我能帮上忙。"

"那太好了。"芬恩很诚恳地说道，然后他伸出双手，把我邀请到房间的前面。太棒了！那里刚好有一块白板。

在教堂施展天赋

突然，我感觉自己有点紧张。我是说，在这些人面前，我可不想让自己看起来像个傻瓜一样，这样我挚爱的妻子安娜会很失望的，她可是教堂的知名人物。

时间紧张，我拿起一支马克笔，走到白板前。

"好，在我们开始讨论艺术节的目的之前，我先给各位介绍一下我和我的同事在上班时探讨出的一些东西。"

因为没有时间画齿轮，所以我在白板上只是画了六个圆圈。

"说到工作，无论是办学校、为新建的家庭中心筹款，还是筹备节日，都包括六个不同的步骤。"

我在第一个圆圈写下了"好奇"一词。然后我看向那个抱着婴儿的女士，问道："您几分钟前在做什么？"

"我叫特丽。"她微笑着说道。

"特丽，你好！当几分钟前，你提出'我们为什么要举办这个节日'这个问题的时候，你正是在做这件事。"

我转头朝着其他人说道："她是在探究，在思考，在琢磨，在提出重要的问题。这是任何行动的第一步。"

约翰神父笑了，他说道："特丽的探究，还促使我们成立了家庭中心。有一天，她来找我，她说'我们一定有更好的方法来帮助带着孩子来教堂做志愿者、研读圣经或来忏悔的宝妈们。'我会永远记得那一天，永远记住特丽。"

"据我推测，在生活的其他方面，特丽也一定经常像这样探究。"其实我是在问特丽，想要她证实或否定我的猜测。

看到特丽很开心地笑着，我知道我说对了。

"我确实经常这样做，我经常问很多问题，我丈夫都快受不了了。"特丽说道。

我继续说道："所以，很可能好奇是你的一项天赋。"

"天赋？"芬恩问道。

"你的一项天赋，是上帝赐予你的某方面的才华，是你与生俱来的才华，让你善于做某件事，而且做这件事情能让你感到心情愉悦，精力饱满。"

约翰神父笑着点点头，说道："明白了。是的，特丽确实有好奇的天赋。"

"那么，那天特丽跟您说了之后，接下来发生了什么？"我问神父。

"嗯，"神父回答道，"我想我认真考虑了特丽的问题。"

"但是建立家庭中心的想法是怎么产生的呢？"我坚持问道。

"嗯……"神父眉头微蹙，他在努力回忆，"我想是杰克·马丁内斯想出了这个主意，他说可以建一个集教室、卫生间、日托中心和媒体中心于一体的建筑。"

"这是工作的第二步：创造。必须有人想出一个解决方案、一个新的想法，或者提议。有些人就有这种天赋。"我边写边解释道。

人们开始记笔记，我觉得这太酷了！所以我接着解释了洞察、激发、支持和坚韧天赋。大约10分钟之后，所有人好像都听懂并且接受了我的解释。这简直难以置信！

我已经把六个圆圈都写满了，言归正传，我引导大家回到艺术节的话题。

"那么，让我们从好奇开始吧。这个节日的目的是什么？怎样能让它的收益情况有所改善呢？"

约翰神父先开口，他说道："我想通过节日让人们更加虔诚，更愿意帮助他人。抱歉，芬恩，我先说了，但我无意冒犯。"

"没关系，神父。我很清楚，我没有好奇和创造的天赋，我的天赋是坚韧，所以如果你指明方向，我会设法达到目标。"

约翰神父似乎松了一口气，问道："那么，我们怎样才能让节日浸润信仰、仁爱之心和热情呢？"

我举起了手，此时我正站在会议室前面，举手这个动作颇有些不自然。

"我有个主意。"我说道。

"创造是您的天赋吗？"贝蒂问，她的语气很柔和。

"事实上，是的。"我尽可能谦虚地承认道，"我总是忍不住想新点子，即使不该想的时候也会想。"

她笑了："嗯，我们现在需要您调动您的创造天赋。"

我微笑着说道："我是这么想的。如果让来自不同国家的人围绕着自己国家的某位圣人，准备一些食物和文化活动呢？"

约翰神父微微一笑，他从椅子上直起身来，说道："这个主意不错！"

我继续说道："如果不是成年人为孩子们举办节日，而是让学生们都参与到节日的筹备过程中呢？为了偏远地区落后学校里的孩子和家长们庆祝节日？为他们提供食物，让他们游戏、画脸谱，等等？"

"每个人都说想让自己的孩子去做宣教旅行，但不希望孩子去国外。其实，不远的地方就有很多需要帮助的人，开车去就行，我们可以做一个拓展项目。"

"好吧，"芬恩说道，"反正我们已经在赔钱了，所以不用担心这次是否能赚得到钱。"

大家都笑了起来。

这时，有一位男士宣布道："如果要做这个拓展项目，我可以负责募捐资金，用于支付活动成本。我不喜欢让人们为狂欢节捐款，但如果这个拓展项目可以帮助到穷困的人，我愿意去联系企业，我能找到不少愿意资助的企业。我相信我们能够实现收支平衡，效益一定会高于去年。"

贝蒂欢呼着："听起来太棒了！"

在接下来的30分钟中，我们进行了头脑风暴。大家否决了一些创意。

那天晚上会议结束时，我们制订好了一个国际艺术节的初步方案。约翰神父宣布，他和贝蒂担当激发者，加上芬恩的坚韧天赋，我坚信今年的艺术节会谱出全新乐章，而我也深信，是我促成了这一切，我真是太优秀了。

理论照进现实

故事还在继续。在接下来的第二天中，我满怀期待地去上班，考虑着我自己和团队其他成员每个人的岗位，以及每个人适合的角色。但是我得到的是失望，一切都似乎回到了起点，我感觉大家好像忘记了前一天讨论的内容，什么变化都没有出现。就像是往前迈了三步，又退回来两步半。

但是，我的感觉是错的。我是说，尽管大家并没有像七个小矮人那样，蹦蹦跳跳地进办公室，但是每个人都还在谈论着各自的天赋项，以及自己的非天赋项。

实际上，每个人回家以后都跟自己的家人和朋友讨论了这个话题。关于这件事，有太多有趣和有意义的故事发生了。事情还是有进展的。

变化最明显的是克里斯。那天他是第一个来上班的，他跟大家宣布，人都到齐了以后要召开会议，然后就挨个把大家叫进了会议室。

一看见我走进办公室，他马上对我说道："布尔，我打算接受你昨天的提议，我是认真的，所以现在我要试着发挥我的激发天赋了。"

他说完，在场的人没人接话。由于我们都没有做出反应，我感觉克里斯突然对自己说的话有些不坚定似的。

于是自作聪明地对他说道："要不要我们先私下谈一谈？"

那一瞬间，克里斯脸上的表情让我为自己画蛇添足的插嘴而感到后悔。我马上解释道："我开玩笑呢。我只是开个玩笑，别当真。"

贾斯帕觉得很有意思，但是其他人都不这样认为，直到克里斯自己意识到确实没必要把我的玩笑话当真。

给我自己的忠告：开玩笑要三思，要发挥洞察天赋。

我继续说道："事实上，如果你愿意多做点能发挥你激发天赋的工作，真是正中我下怀。你来推动工作，保持大家的风险意识，督促团队继续进步。"

在之后的一小时中，我们逐一分析了现有的客户，针对如何为客户提供更好的机会开展了讨论，并制定了当月剩下几天的工作优先事项。这种感觉很奇妙。我还是公司的首席执行官，但是我不必再像以前一样提出各种问题，也不需要督促大家，逐一跟每个人确认每项工作任务。

克里斯积极的工作状态，似乎达到了我认识他以来的最佳水平。

在讨论的过程中，我们调整了奎恩的一些工作职责，为她增加了一些协助我制订员工个人发展规划的内容。不管她之前的工作职责是什么，如今，根据她的支持天赋和洞察天赋的组合，调整后的工作内容仿佛是为她量身打造的。

在散会之后的四小时中，我专注于创新性的思考。我和艾米讨论了潜在的目标客户，和琳恩就数字广告和向度假村投放广告开展了头脑风暴，还跟贾斯帕一起对他和团队为一位老客户所提供的服务进行了分析和评估。

这是几个月来我在工作中度过的最美好的四小时。据艾米、琳恩、贾斯帕他们说，在那几小时内，他们的工作也非常有成效。

快到傍晚的时候，我与克里斯、奎恩和艾米一起制定了一个用于项目管理、人事安排和考核评价等程序的工作框架。我要强调的是，我早就想做这样的工作框架，当然我自己也能做得出来，但是如果有在这个领域比我更擅长的人来协助我，工作会更有成效。

直到那天晚上回到家，我才意识到一天之内发生了多大的变化。第一个发现这些变化的人，是安娜。

小有成就

安娜正在厨房教我家的一个孩子做墨西哥薄饼。窗户开着，风扇也在转，显然这是为了防止触发烟雾报警器。不用想就能猜到，第一批薄饼肯定烤煳了。

让我很意外的是，在这样的烟雾缭绕中，在这样"低气压"的状态下，看到我回来，安娜竟然显得很兴奋的样子。

"你怎么没告诉我昨晚在教堂发生的事？"她一边说，一边继续拿着洗碗布，在面前煽着那几缕烟雾。

"你已经睡着了，我不想叫醒你。"我解释道。

"所以呢，你干了什么事？"她咧嘴笑了。

"看上去你已经听说了呀。他们怎么跟你说的？"

放下手中的洗碗布，她回答道："是这样的，贝蒂说你帮助他们重新做了节日方案，差不多这个意思吧。她还说你还挺有趣的。"

"太棒了！我就是想要让大家觉得我是个有趣的人，我的目的达到了。"

"你知道我的意思。她说你的提议真的很有帮助。你提了什么建议？"

我在厨房的餐桌前坐了下来，这样能躲开烟雾。我跟安娜复述了自己是如何利用六大工作天赋模型来帮助他们的。我还告诉她，我严重低估了参会的一些人的水平，最后我还跟她描述了会议结束后，他们合伙把我扛在肩膀上抬出会议室的情景。

她拿起洗碗布在空中挥舞着，假装抢向我。

然后她又提到了那个重要的问题："今天的工作怎么样？"

我深吸了一口气，用几秒钟的时间组织了一下语言，然后漫不经心地回答道："我想，这是这么多年以来，我过得最精彩的一天。"

"哇噢！"她的眼睛都瞪大了，"这可是个不小的变化，快跟我说说。"

我跟她讲了克里斯早上开会，以及调整了奎恩工作职责的事。

"那他们对此的感觉怎么样？"她问道。

"我说不好，但是说实话，我认为他们表现得相当激动。"我还跟她补充了下午发生的事。

　　有趣，有趣，相当有趣。

　　"很多年我都从没有像今天这样，感到如此地享受工作。"

　　安娜有点不太相信："你确定这都是昨天的讨论带来的结果吗？"

　　"当然了。不过今天才只是第一天。"

病毒式传播

第二天，奎恩来到我的办公室。其实与其说是我的办公室，不如直接叫它会议室。奎恩来找我，是因为她有个想法。

"一会儿，我要是让'小不点儿们'也试试那个工作天赋，怎么样？"

"小不点儿们"是指我们公司的几个年轻人。如果你们觉得这个称呼有点奇怪，那我要告诉你，这是他们给自己起的绰号。这几个人的名字分别是谢恩、麦姬娜、马克斯、克里斯汀和柯尔斯汀。

工作最努力的小女孩叫克里斯汀。要说有什么不足，我觉得她唯一的缺点就是有个和柯尔斯汀的名字容易混淆的名字。言归正传，这帮"小不点儿们"个个都很优秀，尽管他们的工作表现有所不同。

"但是我有一个条件，"我对奎恩说道，"让我也加入。"

感谢奎恩同意我入伙，不过她也对我也提了一个条件。

"你得知道，马克斯的工作现在还是有点问题。我已经跟他谈过了，包括一些细节和跟进的事，而且谈了好多次。谈完以后他看上去很努力，看得出来他很想进步和提高。但是没过多久，他的老毛病又会犯。我都不知道他到底能不能达标。"

我的心略噔一下。我是真的很喜欢这几个"小不点儿们"，过去也曾力挺马克斯。他非常谦虚，对公司业务充满热情，工作似乎也足够认真和负责。

"如果他达不到标准，那也许这里不是个适合他的地方。"我说道，"但这很可惜，因为在我们面试他的时候，觉得他似乎非常适合这个职位。"

奎恩点了点头，有一丝失望的样子："我知道，我也这么想。但是他总是出错，屡教不改，我真拿他没办法。"

我跟奎恩说，我相信她的判断，并和她约好跟年轻员工开会时再沟通。

那天我们吃的是比萨外卖。吃饭时，我和奎恩临时决定，为了活跃会议气氛，邀请贾斯帕也参加会议，不过那时我们并未意识到贾斯帕参会的重要性。

拯救马克斯

奎恩和我轮流向"小不点儿们"解释六大工作天赋类型，看到他们似乎真的对这些概念感兴趣，而且能够迅速掌握重点时，我俩感到很欣慰。

事实上，他们几个都花了点儿时间才找到适合自己的天赋，但好在最终结果变得清晰起来。

谢恩的天赋是激发和支持，麦姬娜的天赋是激发和坚韧，马克斯的天赋是创造和洞察，而且你一定想不到，克里斯汀和柯尔斯汀的天赋都是支持和坚韧。坦白地说，我当时脑子有点儿乱，一直试图理清头绪，直到贾斯帕走到黑板前，用一种新的方式展现了出来。

他不仅在天赋类型的旁边列出了每个人的名字，还列出了他们每个人的受挫方面。

我们还没反应过来这个图表是什么意思，"小不点儿们"已经兴奋地讨论起来。

"我们中有三个人都有坚韧这个天赋，"谢恩喊道，

"三个女生都有！"

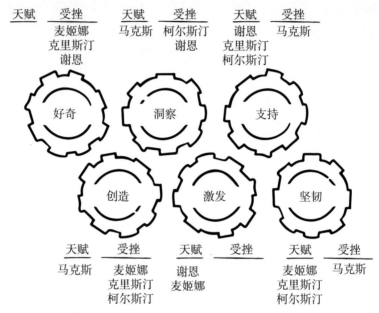

麦姬娜调侃道："是啊，我们已经烦透了替你们收拾烂摊子。"

大家都笑了。

"等等，"贾斯帕的发声引起了大家的注意，"所以坚韧虽不是你的天赋，但也不会令你难以忍受，因此算是你具备的能力之一，是你的中间地带。"他对谢恩说。

"这有什么关系呢？"谢恩提出了问题。

"是这样的，你们当中，只有一个人无法做到坚韧。"贾斯帕停顿了一下继续说道："他就是马克斯。"

房间里突然变得异常安静。我看着马克斯，能看出来他感到很不自在。

还没等到奎恩和我开口，贾斯帕就继续说下去了，并且以我能想到的足够直接却又不会让人觉得难堪的方式说道："马克斯，你在处理一些工作细节的时候，会有些问题，是吗？"

如果说刚刚马克斯还感到有点不适的话，这时他已经调整好，他承认道："对，确实是这样。"

"那你会有什么样的感觉？"贾斯帕追问道。

马克斯考虑了一下，说道："我必须承认，相当糟糕。我的意思是，当我……"

贾斯帕打断了他的话："你对此感到惊讶吗？我是说，如果布尔不得不做你现在做的事，你认为他会比你做得更好吗？"

马克斯看了看我。我微笑着耸了耸肩，示意他大胆地说出自己真实的想法。

"我也不知道。"马克斯承认道。

到了我发言的时候，我对贾斯帕说道："还记得当年咱俩在广告公司工作的第一年，有多少次我忘了带推介展示需要用的重要资料，都是你给我救场的？"

"那时你可真让我头疼。"贾斯帕也回想起了往事，"就像马克斯一样。"

马克斯居然笑了，这让在场的每个人都松了一口气。

"所以，你的问题是什么呢？"贾斯帕问我。

我笑了笑："有些工作内容会让我感到很糟糕，但是如果我没记错的话，你也一样。"

"我当然也一样。"贾斯帕丝毫没有讽刺的意思，"如果要我在推介会上提出新想法，或者给客户反馈，我会紧张到发抖。"

大家都笑了。

"我不是开玩笑，我是认真的。"贾斯帕向大家补充说明，"我真是做不了这类工作，我觉得特别使不上劲。"

等房间里的讨论声止住，他接着说道："所以在我看来，那家广告公司其实可以有两个选择。一是炒了我俩的鱿鱼，因为我们两个之中的任何一个人都不能做好一项工作的所有方面。"他停顿了一下，给大家留了点思考的时间，然后又说道："或者，让我俩一组做搭档，优势互补。幸运的是，他们选择了后者，否则我俩今天也不会出现在这儿。"

听到这里，奎恩插了句话："马克斯，最近你都是跟谁一起做项目的？"

马克斯环视了一圈后，回答道：“谢恩和艾米。”

我站起身来，好似一名准备向陪审团做结案陈词的律师，义正词严地说道：“他们仨都不具备坚韧天赋，对吧？”

奎恩点点头表示同意。

“所以你就有麻烦了，我说得没错吧？”我问马克斯。

“你肯定有麻烦。”贾斯帕肯定地说道。

大家又都笑了。

“团队里没有具备坚韧天赋的成员，不代表做事情就可以粗枝大叶，错误连连。”奎恩强调说。话不中听，但是我认为她表达的还比较婉转。

“对，这确实不能作为犯错误的借口，”我补充道，“但是这个解释为我们找到了原因。而且实际上，在组建团队的时候就注定了会出问题。”

奎恩看起来有点困惑。

“我的意思是，”我补充道，“当初我们要是知道他们的天赋类型的话就好了。”

接着，马克斯问了最关键的一个问题，一个需要勇气才能提出的问题：“那么，我该怎么办呢？我永远不可能像麦姬娜、克里斯汀和柯尔斯汀那样擅长细节类工作，甚至可能也比不上谢恩，也许我不适合在这里工作。"

这个大胆的判断让大家颇为吃惊，一时间，所有人沉默不语。

贾斯帕接下来说的话让我大吃一惊："我说说我的看法，虽然我并不想承认，但我是从布尔那里学来的。"他转向马克斯："如果你和我们企业的文化是契合的，那么你就适合这里。如果不契合，我们或许应该放手让你另谋高就。"

大家再次沉默了，直到贾斯帕继续发表他的观点。

"我可以很自信地说，你跟我们的文化是契合的。问题在于，我们给你安排了错误的岗位，这是我们的失误。"

"他适合什么岗位呢？"麦姬娜问道。

"我不知道。"贾斯帕很坦诚，"但肯定不是那种要注重细节和坚持到底的工作。"他似乎已经说完了，但又接了一句："如果让布尔来做这类工作，他肯定会失败。我就敢这么说。他像你这样年轻的时候，没有我给他收拾烂摊子，他哪有今天。"

马克斯点点头，似乎有些纠结。"嗯。"他停顿了一下，接着说道，"但是如果公司没有适合我的岗位呢？"

又一次大胆的提问。我越来越喜欢马克斯了。

"这很有可能。"我承认道，"但这不是我们现在讨论的内容。"

"那么，我们应该讨论什么内容呢？"奎恩问道。

"我们应该搞清楚如何调动和发挥好团队中每个人的天赋优势。我在想，马克斯的某些天赋应该能帮助到其他人。"

"那我们接下来怎么做呢？"马克斯很好奇。

"我不知道。"我说道，"但我打赌我们可以在20分钟内解决问题。"

大家看上去都困惑不解。

然后贾斯帕说道："我的宝押在布尔身上，他能搞定，我见证过。"

望闻问切

　　我尝试把大家的关注点转移到每个人的受挫项上，也就是每个人不太擅长的方面。

　　"你们看，你们当中有三个人的受挫项都是创造和好奇。"

　　我在白板上圈出了这两个词。每个人都盯着白板，好像在看一个数学方程式。

　　我继续说道："马克斯是唯一一个拥有创造天赋的人，同时好奇属于他的能力范围。"

　　年轻人们继续盯着白板，皱着眉头，似乎在计算方程式。

　　"所以你们这个团队不擅长提出新想法，或者说不擅长根据问题找到新思路。"我不想让他们觉得我说话太难听，所以我澄清了一下，"根据你们各自的天赋特征来看，你们这个团队，应该是我说的这样。"

　　大家纷纷点头表示认可，这也说明我说的话并没有让他们反感。

柯尔斯汀接下来说道："目前这样的团队合作方式，其实并不太要求我们去做太多跟好奇和创造有关的事，也包括洞察。我觉得是这样。"

贾斯帕和奎恩相互对视了一会，似乎有些尴尬。我让柯尔斯汀详细说说看。

"那好吧。"她有点拘谨地说道，"到我们参与到某个项目中来的时候，你们各位……"她指了指奎恩、贾斯帕和我，"已经完成了大部分有创意的、宏观的思考。"

其他几个"小不点儿们"都不住地点头。

她继续说道："所以，我们基本上是在做实施这部分的工作。"

我问了一个重要的问题："所以你们对此感觉如何？"我没等她回答，就澄清了我的问题："会觉得沮丧或失落吗？"

"小不点儿们"你看看我，我看看你，谁也不想第一个开口说话。

最后，克里斯汀站了起来，说道："我想多练练我的判断能力。"

这时候，除了麦姬娜，所有人都在点头。

马克斯第二个发言："是的。你们不要误会我，因为我知道每个人都得做一些苦活累活，但我真的希望有一天能够参与到创新和战略方面的工作内容中去。我想我在这方面会做得更好。"

我点了点头，但不知道该说些什么。

马克斯帮我救了场，他补充道："但我得先把本职工作做好。"

然后我就事论事地回复道："胡说八道。"

大家都很吃惊，马克斯有点儿蒙。

我立刻澄清了我的评论："我没说你，马克斯。你说的话没问题。"他松了一口气。

"我的意思是，让人们先把本职工作做好是滑稽的，特别是如果这意味着先让人们做不擅长的事情来证明他们有能力做擅长的事情。"

我停下来问道："我说清楚了吗？"

有几个人在点头，但令人惊讶的是，对于我说的观点，最能产生共鸣的是麦姬娜。

"嗯，我想说，"从她脸上的笑容看，她似乎喜忧参半，"我很喜欢我现在的岗位，我不想被调任到我不擅长的工作岗位上，就算是升职加薪我也不愿意。"

她看着马克斯说道："你想从事更具战略性和创造性的

工作，对吧？"

马克斯点了点头。

"我就不想。"她明确地表示自己的态度，"我知道这样说不太好，而且我也明白我们都应该有前瞻性或创新眼光之类的能力。但我更像是一个实施者。如果你让我在别人想清楚方向、制订好计划之前参与进去，我会感觉非常难受。"

听了她的话，我突然有了灵感："在我认识的很多企业里，都有这样的情况。一方面，招聘员工到某个岗位上，然后却把在这个岗位上表现优秀的人提拔到了需要其他天赋的新岗位。结果，很多人在新岗位上表现平平，甚至不尽如人意，因为他们更适合原来的工作。另一方面，适合新岗位的人得不到提拔，因为他们一直从事的工作都是自己不擅长的，他们很难取得优秀表现。"

贾斯帕张着嘴，盯着我说道："再说一遍。"

大家开始议论纷纷。

"好吧，我知道这有点儿难理解，不过你们听明白我的意思了吗？"

麦姬娜宣布道："我明白了。意思就是，不要把我提拔到我不擅长的岗位上去工作。如果我现在做的工作不是我擅长的，不要让我觉得我是一个失败者。"

柯尔斯汀补充道："也不要为了让马克斯做擅长的事情，而强迫他先证明他擅长做不擅长的事。"

贾斯帕盯着麦姬娜和柯尔斯汀，让她们再说一遍。

"哈哈，"他接着解释道，"我是在开玩笑。我明白了。这完全解释得通。"

奎恩加入了进来："解决问题的办法是团队合作。"

"我也认为是这样。"我请奎恩进一步给大家解释一下。

"是这样，当把一群人召集到某个项目时，团队中的人应该涵盖所有六大工作天赋。如果过于关注岗位职责和工作经验，就会搞砸。"

贾斯帕接着这个话题继续说道："如果这个项目需要创造或洞察天赋，那就选一个拥有这项天赋的人，让他参与进来，并且给他充足的时间来创造或洞察。"

我进简短地总结进行了总结："不管是工作、项目、客户，还是计划，都应该更多地从天赋的角度考虑，尽最大努力把大家安排到最适合的岗位上，做到人尽其才。"

"但是如果行不通怎么办？"奎恩问道。

"不可能总是行得通，天底下从来没有那么完美的事情。如果工作并不是我们擅长的，甚至超出我们的能力范围，那么我们所有人必须努力找到推进工作的办法，全力以赴地把它完成。但是如果我们只需要付出两三成的时间，而不是七八成，那么我们都会更开心和轻松，也会更高效。"

"那么，接下来呢？"贾斯帕问道。

"接下来就需要领导层重新思考，该如何自上而下地组织安排团队，协调工作。也许……"我停顿了一下，"也许这样我们才能找到适合马克斯的工作任务。"

这时，马克斯很开心地笑了，我也找到了之后几天或几周我工作的关注重点。

证据确凿

那天以后，我开始彻底相信，天赋这个东西，不仅能够轻松地解释我为什么在工作中会出现暴躁情绪，还使我看到它对克里斯和其他团队成员起到的神奇作用；在教堂里它也发挥了功能；另外，我们还用它留住了马克斯，避免了未来可能出现在麦姬娜身上的问题。

如果这些还不足以作为支撑，那么安娜的评价可以作为补充。她说这是我在工作中做过的最棒的事情。其实这只是一个意外，而且并不在我公司的业务范围内。这样想，倒是会稍微冷却点儿我激动的情绪。

接下来的两周中，我们花了几乎一半工作时间在办公室里重新思考：我们已了解并能够准确描述每个人的先天优势和劣势，那么我们该如何以不同的方式开展工作呢？我们开的每一次会议，在走廊里的每一次谈话，突然间都围绕着天赋和受挫，充斥着洞察、激发和坚韧的元素。这一切都是自然而然的，似乎没有人刻意为之。

在不到一个月的时间里，大家的工作热情达到了公司成立四年以来的最高点。但就像贾斯帕喜欢说的那样："谁在乎工作热情怎样呢？关键是工作进展得如何？"

实际的情况是，我们的工作时间更短了，而工作成效更高了，而且还获得了比想象中更多的乐趣。用我喜欢的话说就是：这才是工作士气高涨的样子。

但是，最能证实"六大工作天赋"（我们后来给它取的名字）力量的例子，是这个模型诞生后第二个月（我特地回看了当时的日历）我们召开的那次客户会议。关于那次开会，我要是录音就好了，现在我只能试着回忆。哎，我的记忆力真差，当时的对话内容，我能准确复述出来的，不超过一成。

客户会议

当时，我和艾米在圣卢克医院开会。圣卢克医院是当地最大的医院，我们正与该医院的市场营销主管及其团队召开第一次洽谈会，医院首席执行官和人力资源主管也主动加入了会议。我们这边也去了不少人，早在一周多之前我就开始着手安排我们的出席阵容，因为我认为团队的天赋类型覆盖得越全，我们就越有可能捕捉一切重要信息。

在那个特别的日子，我们叫上了马克斯和克里斯。克里斯绝对有必要在场，因为圣卢克医院即将成为我们公司最大的客户之一，只有详细了解双方达成合作的过程及目的，克里斯才能充分发挥他的激发天赋。克里斯开始越来越多地参加客户会议，这对项目协调和跟进产生了相当大的促进作用。

马克斯也参会，是因为我需要一个能够同时擅长创造和洞察的人在场协助我，我们必须向客户展示充足的创造力和适应性，才能赢得对方信任。

类似的启动会一般会很耗时，因为客户需要足够多的时间详细列出自身需求，他们会向我们介绍过去几年的成绩，然后针对具体问题向我们寻求一般性的建议。这种会议颇具战略性，既比推销电话具体得多，同时又不像PPT演示有很多具体的文字和视觉信息。

圣卢克医院的首席执行官名叫约瑟夫，他的个子非常高，他一上来就声明说，他们医院搞市场营销和广告推介的目的不仅是为了盈利，特别是他们还是一家教会医院。尽管他们确实需要考虑医院的财务状况，但他们更希望通过营销提升医院的品牌效益，建立社区与医院文化的紧密联系。

"关于圣卢克医院的文化，我们已经做了功课，约瑟夫，但我想先听你说说对医院文化的理解。"我说道。

约瑟夫皱起了眉头，他在考虑该怎么回答我。"这么说吧，"他开了口，"我就跟你们实话实说吧。我们整理了医院的一系列价值观，制作了宣传片和海报在医院各处宣传我们医院的文化。"他停顿了一下，瞥了一眼人力资源主管。在我看来，他的神情似乎有些不自然。"但是我们的宣传是否名副其实，我没有把握。"

我又看了一眼人力资源主管，他的年龄应该和我差不多，此刻他的感觉似乎和我差不多，有点紧张。

"能解释一下你的意思吗？"我对约瑟夫说道。

"我们自诩医院拥有一种积极、乐观和关爱的文化，现在很多医院也都秉承这样的态度。但每当晚上，甚至是白天有些时候，我从大厅走过时，我看不到，也感觉不到这种文化的存在。"

没等我开口，克里斯提了这么个问题："那晚上和白天的感受有什么不同吗？"

约瑟夫笑了："白天，医院里的人基本上都知道我是谁，我相信他们的工作状态会很好。但是在晚上，我可以以一个平常人的身份在医院里出入，我觉得这时候我能更好地认清现状。"

房间里的人纷纷点头，这让我相信约瑟夫说的很可能是对的。

艾米问道："那你到底看到了哪些不喜欢的方面？"

"嗯……"约瑟夫深吸了口气，"我并不是说我们的医护人员态度粗鲁、对待病人冷漠或是怎样。"他想了想，"但我觉得他们对自己工作的投入度并不如我期待的那样热情饱满，或是充满激情。我的意思是，医护人员的工作是救死扶伤，这一天职是值得珍视的，我希望这一点对医护人员来说是刻骨铭心、深入骨髓的。我期待患者能从医护人员身上体会到这种感觉。"

"你觉得医护人员是不是因为工作太累才会有这样不尽如人意的表现呢？"我问道。

他摇了摇头："不是这样的。我们很关注员工工作过度劳累的情况。有些部门确实偶尔会出现人手不足的情况，但是并不多。当我在深夜巡视医院时，我会跟不认识我的人聊聊，他们会告诉我，觉得自己不被重视，并因此情绪低落。员工调查的结果也差不多。"

话说到这儿，市场营销主管插话了："我们认为，成功的营销活动的一个好处是，它既能对病人和社区产生影响，也能对医院员工产生影响。"

一旁的人力资源主管使劲点头。

我同意她的看法，因此我很直接地跟她表明态度："我举双手赞成。但是必须让宣传信息和实际情况保持一致，否则可能适得其反。"

有几位医院营销团队的人员似乎有些困惑，所以我需要做些解释。

"各位都有搭乘飞机的经历吧？有的航班在上飞机之后，安全检查之前，会播放一段视频，各位注意过吗？"我没等他们回答就接着说道，"他们一般会选一些特别有精气神的员工录制视频，有时候航空公司的首席执行官也参与录制。他们跟乘客们宣称他们有多么心系乘客，对自己任职的航空公司有多么衷心和热爱，他们如何做足准备，尽全力让每位乘客都拥有一次完美的飞行体验。"

这时候，大家都明白了。

"那么，你们看完视频有什么感觉？"

一位市场营销部的员工脱口而出："我不知道该怎么组织语言，但是我感觉特别假，特别荒唐，像是听人说谎一样。"

不知道是谁补充了一句："这样的视频让我很同情航空公司的员工。我喜欢观察他们，在播放视频的时候，我总觉得他们在努力忍住不翻白眼似的。"她摇了摇头说道："我可不相信谁能从这些愚蠢的视频中受益。"

"没错，"我表示同意，"这些视频让乘客和员工都心生不满。这就是我所说的适得其反。"

大家议论到这儿，市场营销主管说话了："我明白你说的，但我不认为这代表我们现在的状况。我们没有到那种地步，但是我们也肯定没有达到理想的状态。"

这时，人力资源主管开了口："至少我们的员工没有流失，没有跳槽去其他的医院工作，或者转行。员工问卷调查的结果还是可以的。就好像员工留在了医院，但是同时他们认为自己已经做得不错了。"

这时，马克斯插话了："你们应该试试我们的六大工作天赋测评。"

因为马克斯的岁数比我们小了不少，又因为这是他头一次开口说话，所以他的话引起了大家足够的关注。

"不好意思？你说什么？"市场营销主管真诚又好奇地问道。

现在大家所有的注意力都集中了在马克斯身上，这让他有点紧张，他解释道："我们在办公室里开发了一个简单的测评工具，用来了解每个人天生擅长做什么样的工作，不擅长做什么样的工作。这个测评结果一出来，立马改变了我们的工作方式。要不是这样，今天也轮不到我来这里参加这次会议。"

人力资源主管在椅子上挺直了背，问道："需要多长时间？"

"嗯，在不到几周的时间，我们的工作文化发生了变化。"马克斯回答道。

"不是，"人力资源主管笑了，"我是说，测评需要多长时间？"

我赶紧接过了话茬："实际上，我们没有做正式测评，只是想弄清楚我们是怎样的一个团队。"我把目光转向艾米："不过，做测评是个不错的主意。"

现在轮到约瑟夫说话了："你是说，你们的这个测评在几周内就改变了你们的职场文化？"他看着我，有点怀疑的样子。

我耸了耸肩回答他："差不多吧。我的意思是，对一些人来说，这种改变是立竿见影的。但是我们花了几周时间才把测评工具搞清楚，并在公司里沿用。"

"讲解这个工具需要多长时间？"人力资源部的人问。

我下意识地看了一看表：我们有一整天的时间开这个会，用其中20分钟时间解释一下六大工作天赋模型应该没什么问题。我看了看艾米，她耸了耸肩，同时点了点头，表示对我的支持。

"我大概需要不到半小时的时间把这个测评基本介绍一遍。"

在场的十几个医院的人你看看我，我看看你，好像在等着谁说一句："好啊，那我们开始吧。"

接着，克里斯补充道："这个测评工具真的很有帮助，它一夜之间改变了我的职业生涯。"

"那我们快开始吧。"约瑟夫宣布道。大家都表示愿意参与其中。

我可不想吹牛，但是在我的职业生涯中，我从来没有如此兴奋地给客户展示过什么东西。

热情洋溢

在接下来的25分钟中，我从头到尾对六大工作天赋模型进行了解释。我逐一介绍了六大工作天赋的类型，阐述了它们是如何结合在一起的，同时对比分析了一个人的工作天赋、工作能力和工作受挫之间的区别。另外，我还描述了工作的三个阶段：构思、激活和实施。

艾米和克里斯不时插话进行补充，帮助我解释不同概念之间微妙或细微的差别，马克斯也用自己的经历进行了举例说明。

我实事求是地说，在场的人对我所展示的内容都很感兴趣，我可没有夸大其词。他们提出问题，思考概念，并帮助彼此识别天赋和受挫。最后，克里斯走到白板前，记录下我们后来称为营销团队工作天赋结构图的内容。

我当时感觉人力资源主管都要炸了，或者说是快绷不住了。就是人兴奋到极致时的样子。

首席执行官约瑟夫也提了一个问题：他怎样才能把这些

天赋用在他的领导岗位？"

一小时后，医院市场营销部完成了部分人事调整。尽管这听起来有些不寻常，但实际上他们的工作职责很明确，不过只有意识到有人岗位错配并因此影响工作效率之后，人们才明白该怎么做。

对于人力资源主管肯，一开始我没有意识到他在这个故事中扮演的角色有多重要。他告诉我们，他知道当地有一家公司可以帮助我们把理论模型升级为一项评估测评。他想帮助我们达成和高管团队的合作，以及与他自己的团队、首席护士长及护士的合作。

后来，我们继续讨论当天原定的会议内容：市场营销和广告策划。这似乎才是这次会议更重要、更有意义的议程，而最令人惊讶的是他们已经开始使用与六大工作天赋类型有关的词汇了。

营销主管玛丽说道："我可没有做出激发的行为，所以不要认为我是在告诉你们要按照我说的去做。我只是想到了一个新主意，我需要你们做评判。"她几乎准确地使用了这些术语，而且每个人都能理解她的意思。他们刚认识这个模型还没过多久呢！

那天，会议快结束时，约瑟夫当场宣布道："我必须告诉在场的各位，医院管理层，也就是领导团队，"他看着属于管理层的玛丽和肯说道，"几乎没有花时间在好奇上，也很少花时间思考和提问，反倒是非常注重实施的部分。所以我们没能很好地建立全体员工的使命感，没有实现我们眼前所做之事的背后深意，所以出现现在的问题就不足为奇了。"

会议结束了，在场的人热情地相互握手。后来，我们团队的四个人在停车场对当天的工作进行了总结。

艾米的商务车车门还没关上，克里斯就忍不住说话了。

"这会今天咱们怎么开的啊？"似乎是一副真的不明所以的样子。

"这种会都是这样开的吗？"马克斯幽默地接了一句。

艾米咯咯地笑了起来。

"有谁以前能在工作中得到如此多的欢乐吗？我都不知道该怎么形容了。"

艾米笑个不停。

员工会议

第二天早上，我迫不及待地想把前一天开会的情况告诉奎恩、贾斯帕和琳恩，但是被克斯里抢了先，他比我还早到办公室。

除了克里斯讲的，我和艾米给大家补充了很多内容，虽然他们几位前一天没跟我们去医院开会，但他们似乎表现得比我想象的更兴奋。

贾斯帕也讲了自己的最新经历。

"昨晚我和我乐队的人做了咱们开发的六大工作天赋测评，我们决定散伙。"

贾斯帕是里诺一个名叫"即时重放"的摇滚乐队的贝斯手。他们乐队主要在派对和商业演出中演唱原创歌曲，也翻唱经典作品。奇怪的是，对于乐队解散这件"生死攸关"的事情，贾斯帕似乎并没有很难过。

"是的，至少一年多了，我们一直很难受，也不知道为什么。事实证明，乐队中其他四个人都善于创造，只有我跟这事不沾边。"

"这有什么问题吗？"琳恩问道。

"因为他们都想做原创歌曲，当乐队的领导，而且他们坚信自己会成功，而我觉得站在后排弹着贝斯，给他们伴唱，望着台下兴高采烈的观众，这样就挺好。"

"所以，你以后都不弹贝斯了？"艾米问道。

"不是啦。我可能去找一个缺贝斯手而且成员才华比较互补的乐队，安安静静地做我的贝斯手。"

"你乐队其他几位成员是不是很失落？"我很好奇。

"嗯，"贾斯帕想了想说道，"其实他们也心知肚明。我想表达的是，当他们意识到每个人都想要发明创造时，他们也承认这行不通。"他皱起了眉头，"说实话，我觉得这对他们来说，似乎也是解放。大家都轻松了。"

克里斯结束了这个话题，对大家说道："好的，各位，我们开始开会吧。我们遇到了一个小问题，是一个好问题，不过仍然是一个需要解决的问题。"

他的话成功引起所有人的注意。

"有两个客户想要增加跟我们的合作项目，新增的工作量非常大。我认为根据公司目前的人手来看，我们很难完成所有工作。"

　　我试图缓和一下会场的气氛，就开了个玩笑说道："现在贾斯帕已经不干乐队了，他会有更多的时间。"

　　除了克里斯，大家都被我的话逗笑了。

　　"布尔，事情是这样的……最近你和艾米在外面的推广工作做得很疯狂，这很好。"他停顿了一下，"我是说，昨天真是太棒了。"

　　他停顿了很久，比平时停顿的时间要长很多。我看得出来，他有点害怕说出自己的真实想法。

　　"说吧，克里斯。痛快点儿，把想说的说出来，没关系。"

　　"嗯，我不确定你是否真的在乎你所有的创意都能最终落地。"

　　我并不反感他说的话，所以我尽量调整声音，以免让他误会我不高兴："你说的在乎是指什么？"

　　"这个嘛，"他又停顿了一下，解释道，"你常常低估工作中实施阶段的难度。"

　　我松了口气："这样啊，你的意思我明白了，而且我同意你说的，我确实有这个毛病。我还以为你说我不在乎负责执行和实施工作的员工呢。"

　　贾斯帕插话道："不，不，我知道你很在乎员工。但我认为你经常无视我们对工作量的担忧，也不太关注完成工作需要具备的条件。"

奎恩替我说了句话："我认为这是由于他的个人天赋是创造和洞察而导致的。"

"而支持和坚韧是他的受挫项。"贾斯帕补充道。

"这不是你的借口，"奎恩提醒我说道，"不过是有道理的。"

我点了点头，觉得有点尴尬，"我知道，我知道。我很容易把完成工作当成是想当然的事情。这是我的问题。我现在更加意识到了这一点，我怎样才能有所改善呢？"

"可以聘请更多拥有支持和坚韧天赋的员工。"确认了我们都能理解他的意思之后，克里斯继续说道，"我知道你喜欢精益化管理，但是现在工作越来越多，我们需要未雨绸缪，为可能出现的问题做好准备。"

我必须承认，克里斯说得没错。但是我的个性比较倾向于求稳，我不想花很多钱，然后事后后悔。直到最合适的那个人发言，才促使我最终下决心。

"我同意克里斯的建议。"琳恩说道，"我的直觉告诉我，如果我们不新找几个能干的人来，我们就要有麻烦了。"

奎恩举手表态："我举双手赞成。"

琳恩和奎恩是我团队中两个擅长判断的人，她们的见解是一致的。尽管我有些犹豫，但直觉告诉我，如果我相信六大工作天赋模型的效果的话，我应该接受克里斯的提议。事实上我也确实相信六大工作天赋模型的意义，听着他们发言讨论的内容，我有什么理由不相信呢？

"就按你说的做。"

克里斯似乎很惊讶。

我又再次表明了自己的态度："我们先雇五个新员工吧，并且要确保他们中的大多数人拥有坚韧或支持的天赋。或许我们还需要一个擅长激发的人。"

"哇，"克里斯说道，"以前你做出类似的决定，可比这次花费的时间要多得多。"

我承认他说的很对："没错，那是我的错。你说的很重要，没有理由再等了。"

艾米提了一个问题："但是我们该如何根据应聘者的工作天赋类型，去把他们找出来？即使我们已经有了评估的框架，但是这样做合法吗？"

"严格来说，确实不合法。"克里斯解释道，"在确定雇用一名员工之前，不应该对他们进行测评，因为测评可能会有偏见或歧视，或者类似的什么倾向性。"

"但如果测评能帮助领导和求职者弄清楚求职者是否适合某个岗位，难道不是一件好事吗？"贾斯帕反问道。

作为回应，克里斯耸了耸肩。

"没关系，我们不必做这个测评。"奎恩说道，"我们只需向求职者详细描述工作内容即可，不用过度强调，这样听起来会更轻松。"

艾米冲她皱了皱眉头，似乎有点没听明白。

奎恩接着说道："直截了当地跟求职者说明岗位职责和工作细节，告诉他们需要做辅助性工作，并要负责把工作项目从头做到尾，因此需要他们有坚韧的品格。如果他们不喜欢坚持到底，他们会受不了的。"

"但你不觉得这样做的话我们会把求职者吓跑吗？"艾米问道。

"你觉得如果我们这么做，麦姬娜、克里斯或贾斯帕会被吓跑吗？"

艾米看着克里斯和贾斯帕。

他们微笑着摇了摇头。

"如果能找到这样的工作，我会非常兴奋。"贾斯帕说道，"合适的人会选择接受岗位，不合适的人会主动离开。

道理很简单。我认为这样做会有效。有人会愿意接受一份听起来就感到很痛苦的工作吗？如果他们试图掩盖，我们也能知道。'女士/先生，请告诉我，为什么当其他人都在考虑接手下一个项目的时候，你却偏偏喜欢攻克项目进展中遇到的障碍，盯着项目细节，并坚持把项目做完呢？因为如果你不喜欢做这些事，那你就会讨厌这份工作，我们也免不了对你感到失望。但如果你喜欢做这些事情，你就会如鱼得水，非常享受工作的乐趣。'"

我们都笑了。

我继续补充道："然后可以向他们解释六大工作天赋类型，让他们知道我们在寻找具有后两种天赋类型的人选。这样做不会触及法律问题，我们只是诚实相告。"

后来，我们确实这么做了。不到三个月时间，我们新招了六个新人，比我们原本计划的人数还要多一位。几周之内，我们就感觉到自己找对了人。我们从未像现在这样专注于我们所需要的技能，并从我们面试的人身上识别出这些技能。以后如果公司再招聘员工，我们一定还会参考六大工作天赋模型。

重大进步

随后的一年内，发生了两件令人惊喜的事情，都是我们之前完全没有预料到的。

首先，公司的规模翻了一番，收入翻了两番。我们甚至由于业务量太大而不得不推掉了一些业务。

其次，公司至少有1/3的工作引入了六大工作天赋模型。

但真正发生变化，还是在又过了一年之后。说起这个，不得不提及"那个电话"。

那是一个大清早，办公室里只有琳恩、贝拉和我。一般情况下，如果接到电话，贝拉会先转给琳恩。但是当时琳恩在洗手间，所以贝拉直接把电话转给了我。

"你好，我是布尔。请问有什么需要帮助吗？"

"你好，布尔，我叫凯瑟琳，我想了解你是否有意愿与我们公司合作。"

"当然，凯瑟琳。请先介绍一下贵公司好吗？"

"我们是位于旧金山湾的一家科技公司，我对贵公司颇有耳闻，我想我们可能需要你们的帮助。"

"很高兴听你这么说。那么，凯瑟琳，你是公司的市场营销负责人吗？"

"我不是，我是首席执行官。"

"是么！"我脱口而出，"通常都是市场营销副总裁先跟我们对接。"

"真的吗？"凯瑟琳回答，甚至在电话里我也能听得出她很困惑，"我不知道是这样。"

"嗯，"我解释道，"大多数首席执行官都会让营销副总裁选择营销或广告商。"

"哦，"她说道，"我打电话给你，不是为了寻求营销方面的帮助。我以为您是团队效率顾问。"

我还没完全理解她的话，便开始向她介绍："我们是一家经验丰富的公司，专注于……"

就在这时，我恍然大悟。

"等一下，凯瑟琳。你说找我做什么？"

"嗯，我是听一个朋友说的，他是里诺一家公司的首席执行官。他跟我说了说一个叫六大工作天赋的东西，差不多是这个名称吧。他说效果很神奇，而这就是我现在特别需要的。"

我惊呆了："所以你想要的帮助不是营销？"

"是的，跟营销无关。"她肯定地说，"我们的营销做得挺好，但是我们的生产力在下降，员工状态不佳，我们不知道该怎么办。您能帮助我们吗？"

就在那一天，原来的耶利米广告公司转型成为耶利米咨询公司。新公司有两个业务方向：一是营销策划，就是之前的业务范围；二是职场转型，专注于企业生产力、团队合作和员工配置。

那天晚上，当我向安娜宣布这一切时，她表达了一些我当时未曾意识到，但在后来得到证明的判断："布尔，你知道吗，我觉得想要在人力资源方面得到帮助的公司，要远远多于需要在营销方面得到帮助的公司。"

我不得不同意安娜的话，尽管我有些想跟她唱反调。实际上，我已经迫不及待地要开始新业务了。

尾声

耶利米咨询公司诞生10年之后，我们的职场转型业务量至少是广告营销业务量的10倍还多。随着市场上劳动力日益短缺，我们发现，企业对于评估员工、留住人才和激励优秀员工的需求，比现代工作史上任何阶段都更加重要。

因此，我花了大量的时间在这部分业务上，不仅要帮助到我们的客户，而且要把这些理论应用到我们自己的员工身上。我可以诚实地说，在我的职业生涯中，我比以往任何时候都更热爱我的工作，我几乎再也没有在工作中出现过暴躁情绪。

最重要的是，六大工作天赋模型渗透进了我生活的方方面面。安娜和我不再因为我俩都不具有坚韧天赋而产生不必要的内疚心理，我们也学会了如何在我们感到困难的任务上借助他人的帮助。我们努力了解我们的四个儿子分别在哪些方面有天赋，在哪些方面容易受挫，并据此调整了育儿方式。因为我们对他们的期待更加合理，家里曾经弥漫的焦虑情绪一去无踪影。我禁不住后悔，要是早十几年就这么做，该多好！后来，当我和安娜为自己的半退休生活状态做准备时，我俩决定也按照六大工作天赋模型安排我们的活动和事项。因为我发现我太喜欢自己的工作了，根本不想像很多退休的人一样，用打高尔夫球或钓鱼来打发一天的时间。

归根结底一句话，我比以往任何时候都更加相信，工作能够让每个人都拥有尊严，并获得满足感。上帝创造了我们每个人，让我们以各自独特的方式做出贡献。最重要的是，六大工作天赋模型为我提供了明确的方向，让我明白了该如何为公司、团队和家庭贡献自己最大的能力。

除了日常工作和生活，我现在有一种深刻和强烈的感觉：我已经做了我来到人间该做的事，而且会继续做下去。我怀着感恩的心情去做这一切，因为我知道，我做的每件事的每个环节，都是上帝赐予我的礼物。

六大工作天赋模型的创建和应用

缘起

背景故事

记得当我还是个小孩子的时候，我父亲经常深夜才回家，为了他口中的工作而感到烦闷。虽然那时候我对于何谓工作还一知半解，但是我父亲那时的状态真的影响到了我，我也曾为他感到难过。

直到我自己正式参加工作，我才明白，工作太容易给人造成困扰，如遇到差劲的顶头上司，公司高层领导力的缺失，难搞的职场关系，以及不少人怀才不遇，不得不做一些与自身天赋无关的工作的尴尬处境等。

不过，我还是很幸运的。在我的职业生涯中，我花费了大量时间和精力，通过改善运营管理，提升领导力，加强团队合作，帮助人们在各自的工作岗位中获得尊重，实现自我发展。但是，其实最初我并没想过，帮助大家认识自己的优势，并将之匹配发挥到实际工作中，会有什么新意。直到

2020年6月。

很多年来，我都深陷在对自己工作的不满情绪中，这让我很费解。因为我是自己创业开的公司，合伙人都是我很好的朋友。此外，我相当热爱我工作的行业，我对同事的表现也极为满意。尽管如此，我还是会莫名地感到无力，甚至恼怒，而且这种情况时不时就会发生，难以控制。

2020年6月的某天早上，在一连串让我对工作的满意度像过山车般反复飙升和骤降的会议结束之后，同事艾米向我提出了那个重要的问题："你怎么会这样呢？"出于一些方面的考虑，我下定决心：是时候挑开脓包，搞明白让我痛苦和挣扎的问题根源到底是什么了。于是，就有了接下来的那次持续了四小时的谈话。在谈话过程中，我想出了六大工作天赋模型。

当这个粗略的模型框架刚刚出现在我办公室的白板上时，我的脑海里开始激荡起来。我生活中的很大一部分内容，开始变得比之前更加有意义。

举个例子，我终于明白了为什么小时候对于家长让我帮忙做的家务，有的我就乐意为之，有的则内心很是排斥。我还想通了为什么上大学时，对于有些课程而言，时间过得飞快，而面对另一些课程，时间慢得像是停滞了一样，甚至感觉在倒退。同时，我还能解释为什么我的第一份工作以失败告终，而之后从事的其他工作我却得心应手。不过，更重要的是，我理解了为什么我总是郁郁寡欢，挫败感严重。这对我来说是一次巨大的个人成长的突破。

从那天起，我和团队开始努力将最初的见解转化为个人评估工具，超过25万人已用这个工具来识别个人工作天赋，改善自己的职业生涯和提高团队工作效率。我们还专门制作了一个名为工作天赋（working genius）的播客，一个面向有志于在自己的行业或企业中教授和使用工作天赋的人的培训课程，以及一个用以帮助团队使用工作天赋来改变合作方式的团队工具。

最后我想说，我写这本书的目的，是更好地解释这一切。

"工作"的定义

在开始建立模型之前，我需要界定一下，书中所指的工作的词义很宽泛，涉及我们生活中的方方面面，远不止我们常说的"为了养家糊口才做"的这种传统意义上的工作。不管是开公司，推出新产品，还是为客户提供服务，创建非营利性组织，抑或是管理教堂学校食堂的食品储藏室，做家庭出游计划等，都是在工作，都是在完成工作任务。

正因为这个词的含义太过宽泛，宽泛到可以说只要我们是醒着的，绝大部分时间都在跟工作打交道，只不过其中的一小部分是独自完成，而大部分通常是与他人合作完成的。

在我看来，任何一份工作都应该得到他人尊重，同时让自己满意，不论是从工作本身的体验感而言，还是由工作所带来的成果来看。虽然基本上所有的工作都有让人兴奋不起来的部分，有时还相当乏味，甚至令人抓狂，但是任何我们能够去做的，能够让自己和他人完成工作更轻松一些的举措，都是值得尝试的。

要想做到这一点，第一步，也是最重要的一步，就是承认我们每个人都对不同类型的工作有着各自的偏好。第二步，就是找出最适合我们每个人的工作类型。如果在生活中，我们对自己先天的优势都不了解，那么我们最多只能是期待自己能够撞到大运，发现正在从事的工作正好是自己擅长的类型。六大工作天赋模型是一个帮助每个人识别自身优势的工具，而自身优势的识别，是一切工作的起点。

那么现在，就让我们一起来深入了解一下我所建立的模型。

六大工作天赋模型与测评

六大工作天赋类型的定义

好奇是指思考、推测、对事情的状态提出疑问的能力，以及通过提出问题和回答问题，引发相应行为的能力。拥有这种天赋的人，会很自然地倾向于做出上述行为。他们很容易就沉浸在对周边事物的观察中，思考为什么事情会是这样发展的，考虑是否尚有潜在的可能性未被挖掘出来。

创造是指所有与萌发新点子、做出新方案有关的能力。拥有这种天赋的人，即使是在方向不甚明确，背景尚不清晰的情况下，也能够趋向于问题的本源，被最真实的创新性和原创性所吸引。虽说每一种类型都算是天赋的一种，但是具有这类天赋的人，是最常被人们视为天才的那类人，因为似乎他们的许多想法都是凭空产生的。

洞察这项天赋，与本能、直觉及出色的判断力有关。拥有这种天赋的人，天然就能对某个想法、某种情况做出评价，即使是没有大量的数据或经验作为支撑也能够顺利进行。凭借自身的模式识别天赋和直觉，他们能够以超越自身专业知识和已知信息的高度，对大多数事物给出极具参考价值的建议与反馈。

激发是指把同事和搭档团结和凝聚在一起，激励并鼓动团队成员将想法或提议付诸行动。拥有这种天赋的人，非常擅长鼓励和支持他人积极参与到某种行动中去。他们会非常愿意劝说他人重新考虑某个方案或调整计划，只要这样做能让人们着手从事更有意义的事情。

支持意味着以他人需要的方式，为其提供支持和协助。拥有这类天赋的人，乐于对其他人的需求做出反应，并且是没有丝毫附加条件的。他们很习惯助力别人实现目标，而且通常在别人开口之前就能预想到对方的需求。这类人往往意识不到这其实是一种天赋。

坚韧是关于推动事情不断前进、直到抵达终点所带来的满足感。拥有这种天赋的人，不仅有能力，而且会自然而然、不知不觉地完成目标，并且保质保量。冲破重重阻碍、通过努力取得成果，能让他们获得能量。逐个完成并画掉清单上的一件件任务是他们快乐的源泉。

天赋、能力、受挫

每一种类型都被视为一类天赋，但是目前为止还没有任何人自诩自己具备所有这六大工作天赋。每个人都会遇到自己乐在其中的事，以及痛苦煎熬的事，或者介于这两个极端之间的事。让我们来分析一下这三种类型。因为想要成功，我们就必须充分认识自己在哪些方面能够发挥优势，在哪些方面会暴露短板。

第一类：工作天赋

每个人都有两个方面是真正的天赋所在。工作天赋能给人们带来欢快乐、能量和激情。所以通常我们在这些方面的表现极为突出。如果我们能够做更多的此类工作（当然如果是大部分的话更好），这对个人和组织来说，都是最好的。

第二类：工作能力

六大工作天赋中有两类，可以被认为是人们的工作（中等）能力。我们完全不会觉得这些工作痛苦不堪，不过也不会感到身心愉悦，但是我们可以把这样的工作做到尚佳甚至相当不错的程度。然而，如果我们的天赋得不到发挥，那么迟早我们会对这类工作感到厌倦。

第三类：工作受挫

还有最后两类工作，它们会剥夺我们的快乐，消耗我们的精力，我称之为工作受挫。我们经常会在这样的工作中挣扎。可以肯定的是，没有人能够绝对地避开工作中出现这样的内容，但是如果我们发现自己花费了宝贵的时间从事这样的工作，就免不了对工作感到郁郁寡欢，然后艰难抗争，直至最终告败。

说到这儿，有个问题值得一提："为什么人们都具有两种天赋，而不只是一种，或者三种或更多？"那是因为答案在成千上万的被试者身上，已经得到了充分的验证。那些一开始就认为自己或许拥有两种以上天赋的人，最终99%的人都选定了两类。还有很多实例，当我们向那些认为自己拥有三种天赋的人（竟然有一个人声称自己具备全部六项天赋）发出"他们从哪里能够获得能量和快乐"的追问时，他们最终还是选择了其中两项。

为了更好地区分工作天赋、工作能力和工作受挫这三种类别，不妨用咖啡来举个例子。想想看，一杯热气腾腾的咖啡是如何保持热度和能量的？

工作天赋就像是一个装着现磨咖啡的保温杯，上面还紧紧地拧上了杯盖儿。里面的热度和能量能保持挺长时间。同样，当我们能够发挥自己的工作天赋时，我们就能够保持精力充沛，动力十足。

工作能力更像是把咖啡倒进了一个纸杯，配上了一个塑料杯盖，或者可能压根都就没有杯盖。咖啡的热度能保持一小会儿，但是很快温度会降下来，最终落得个冰冰凉。我们在自己的工作能力范围之内做事情，能量值能保持一段时间，但是会不断耗散掉，然后我们就像泄了气的皮球，再也提不起精神来。

工作受挫好似把咖啡倒进了一个底部开裂的杯子里。咖啡的热度，甚至是咖啡本身，在杯子里根本待不了多久。当从事属于工作受挫的工作时，我们很难保持稳定的工作热情和动力。

响应型天赋vs颠覆型天赋

认识六大工作天赋的另一个重要途径，就是区分响应型天赋和颠覆型天赋。这种区分非常重要，因为具有响应型天赋的人往往是为了应对外界刺激才做出反应或采取行动。与处在另一头的具有颠覆型天赋的人相比，他们的行为较为内敛和克制。而具有颠覆型天赋的人一旦发现有需要，就会提出建议并做出改变，即使是其他人不认为需要这样做。他们在设立项目或制订计划的时候，会更加积极。

有的人会同时具备两种响应型天赋，这就意味着他们对于活动的发起，持相对消极观望的态度。而其他一部分人，可能会同时具备两种颠覆型天赋，所以他们更可能主动发起挑战。当然，还有一些人分别有一种响应型天赋和一种颠覆型天赋。

如果我们对于自己具备哪一种天赋不能做出判断，那么就非常有必要搞明白响应型天赋和颠覆型天赋之间的关系。同时，还能启发我们理解，为什么人们会以自己特定的方式与周边的人产生互动，这样我们就能避免对他们所持的态度和倾向性做出不准确的，或是过于主观的评价。

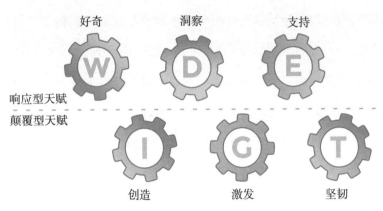

三种响应型天赋包括：好奇、洞察和支持。

具有好奇天赋的人能够对身边的环境有所反应，他们观察工作单位、相关产业领域和周遭围世界，并产生疑问。他们的本意并不是改变身边的环境，而仅仅是关注它、接受它，同时给予自己观察的机会。

具有洞察天赋的人善于对他人提出的想法或建议做出回应，并给予反馈，提出建议。他们的行为，对创新的整个过程意义重大，但他们可能不是促发创意产生的人。不只是跟创新有关的事，其他摆在他们面前的事，他们也常常会有所反应，甚至会担任策划。

具有支持天赋的人的特点，可以说是有"求"必应，只要他人有要求，他们就会有回应。大多数时候是他人提出要求，表明需要帮助。对于可能需要的东西，这类人早已做好准备。他们还能在需求仍未被明确提出来的时候，特别准确地做出预判。但是他们"无求不应"，就是说到了需要的时候，他们才会提供支持。

三种颠覆型天赋包括：创造、激发和坚韧。

具有创造天赋的人是这样的一类群体，他们发现问题，就会想出新奇的解决方案，新奇到能够推翻现状。如果有机会推倒重来，并且能够得到有价值的收益，那他们会感到兴奋不已，乐此不疲。

具有激发天赋的人身上的颠覆性特别明显，他们会集结队伍，召唤其他人一起加入某个项目或计划。他们招兵买马，组织筹划，鼓动激发，打乱他人的计划，让人们不得不停下手头的活儿，转而去做更重要的事。

具有坚韧天赋的人由于能够识别困难，发现障碍并坚持按既定计划推进工作，从而体现出颠覆性。不管眼前的路多难走，他们也会下定决心，勇往直前完成任务。只要是能成功，不管做出什么样的改变都可以，哪怕是在推进过程中，需要做出重大调整也没问题。

相比较而言，人们常常会对具有颠覆型天赋的人高看一眼。显然，这种态度是错误的，而且相当危险。具有响应型天赋的人和具有颠覆型天赋的人在工作开展的不同阶段，交替登场。他们之间是互补和协同的关系，两者之间的平衡很有必要。例如，若是缺少了具有好奇天赋的人的发问和观察，创造就显得可有可无。如果没有具有洞察天赋的人对新想法做评价，未经打磨的原始观点能够成功的概率微乎其微。循循善诱的具有激发天赋的人的需求要是无人应答，得不到支持，再好的创意也根本无法落地。所以毋庸置疑，一项工作若要高效推进，在整个完成过程中，具有响应型和颠覆型天赋的人同等重要。

至此，我们已经对六大工作天赋模型做了相对全面的概述，也分析了六种类型之间的细微差别。接下来，我们一起来看看一份六大工作天赋测评报告的实例。

测评与测评报告

到目前为止，确定某个人的工作天赋、能力和受挫，最有效的方式是让他完成六大工作天赋测评（working genius assessment），测评结束后自动生成测评报告。

测评以问卷调查的形式进行，共包含42个问题。完成全部问卷大约需要10分钟。提交之后，参评者立刻收到一份测评报告，报告根据问题的选项给出测评结果，同时给出相关建议，帮助参评者解读报告，定量分析准确度。虽然这是一个定量调查，但对于参评者而言，理解模型的含义还是至关重要的，因为在个别极端案例中，有些人的报告结果不尽准确，未能真实反映他们身上具备的天赋类别。之所以会出现这种情况，是由于参评者没有正确完成问卷评估，或者是对问卷中的某些题目产生了误解。这是极少数情况，不过提前花点时间，了解一下六大工作天赋的分类介绍，是非常有必要的。

理解这个测评报告最直接的方式就是看实例，这里用我自己的测评结果作为例子。

各位读者应该已经得出了结论，我的两项工作天赋是创造和洞察。也就是说，我在完成跟这两类天赋相关的工作时，能够从中积聚能量，收获快乐。并且很多人都评价说我在这两方面的优势很明显。创造天赋表明我喜欢迸发新思路。在没有任何可供参考的内容的情况下，提出新想法、产品或建议，让我感觉美妙，我很享受从无到有的创造过程。洞察天赋表明我还很乐于对观点和想法进行评估。即使在掌握的数据和积累的经验很有限的情况下，我也能凭借自己的直觉做出不错的评估和决策。我非常相信自己的第六感，别人也相信我。

定量测评分析报告

> ☺ **工作天赋：**
> 你的工作天赋分类测评结果为：创造和洞察
>
> Ⓘ **创造（Invention）：** 你天生就擅长萌发新思路，提出新方案，你很享受发明和创造的过程，能从中积聚能量，收获快乐。
>
> Ⓓ **洞察（Discernment）：** 你天生就直觉准确，充满灵感，能够对新的想法和方案做出评价，并在这个过程中积聚能量，收获快乐。

> ☷ **工作能力：**
> 你的工作能力分类测评结果为：好奇和激发
>
> Ⓦ **好奇（Wonder）：** 在特定情况下，你能够考虑更多的可能性和潜在的机会，并且不在意做这样的事情。
>
> Ⓖ **激发（Galvanizing）：** 你能够把同事团结到一起，不介意激励大家就某个项目、任务或提议开展工作。

> ☹ **工作受挫：**
> 你的工作受挫分类测评结果为：坚韧和支持
>
> Ⓣ **坚韧（Tenacity）：** 你天生不擅长推动工作直至达到预期目标，并且从圆满完成任务的过程汲取快乐、收获力量。
>
> Ⓔ **支持（Enablement）：** 你天生不太擅长为了完成某个项目或实现某个想法去鼓励和协助同事，并从中汲取快乐，收获力量。

　　我最理想的工作是每天接待遇到重大问题急需决策的人，迅速帮助他们思考问题的解决方案。这样的时刻，是我工作状态最好的时候。我也很喜欢别人带着自己的想法来找我，让我根据直觉谈谈看法。很庆幸的是，我在现在的工作岗位上，做了大量这种类型的工作。你大概可以明白，构想出这个六大工作天赋模型，并加以完善和改进，对我来说宛如一场盛大的派对，我乐在其中。

　　我的两项工作能力分别是激发和好奇。我不反感做需要发挥这两项天赋的工作，而且也能胜任。激发能力表明我能够很好地组织大家一起围绕某个新提议或想法开展工作。好奇能力表明我有能力就某个组织内的事务乃至全球事务等进行深入思考。尽管如此，激发和好奇对我来说算不上是工作天赋，做太多类似的工作会让我疲劳不堪。

　　我之所以这样说，是因为之前很多年，我都是企业里负责激发团队的扛大梁的主角。大家都以为我干这个活儿是因为我喜欢鼓励别人，但其实不然，只是因为没有别的人选担当此任，我才不得已补了漏儿。这个活儿让我没有精力去做我最喜欢的创造和洞察工作，最终差点毁了我。至于好奇，我不介意做一段时间与之相关的工作，但是很快我就会对探究和思考问题失去耐心，总是忍不住把注意力转移到构建新决策上面，尽管我明知道有时候多花些时间认真琢磨和研究一下问题本身是很有必要的。

　　最后两项是消耗我精力和快乐的工作受挫——支持和坚韧。支持表明我实在提不起精神去按照他人既定的内容和步调协助其完成项目，我也非常不擅长于此。坚韧表明我不喜欢也不擅长在观点提出之后，逐步推进某个项目或逐步实现某个想法，直至创意实施，项目竣工。虽然有时候我不可能完全摆脱这两种类型的工作任务，但是我无法从中得到满足感，只要干的时间稍微久一些，我整个人都会崩溃。更麻烦的是，如果要我协助别人完成工作，我可能会忍不住去尝试调动我所习惯的创造和洞察这两种天赋开展工作，尽管我不应该或根本没必要这样做。

事实上，承认自己深受支持天赋的折磨，对我而言并非易事，因为承认这一点让我觉得我不是乐于助人的人。其实我很愿意帮助别人，但是如果不让我发挥创造和洞察的优势，我会感到很不自在。如果有人要求我按照他的方式去做事，我往往会溜之大吉。写出这句话的此刻，我心中充满对我的妻子劳拉的歉意。这并不是我不做家务活或其他事情的借口，我只是在解释我对不同事务的反应。我知道有些人特别善于做支持性工作，而且这对他们来说轻而易举，我打心眼里佩服他们。说到坚韧，我可谓是"臭名远扬"，因为往往上一件事情还没尘埃落定，我就急着奔向下一件事了。就在本书有关"六大工作天赋模型"部分的写作过程中，"事故"就再次重演——这一章还没写完，我已经开始动笔写下一章了。本书编辑特雷西为此相当不满意。我只能在此说一句：抱歉，特雷西。

现在的我，会尽可能在创造和洞察上多花时间，但是如果需要，我也会欣然接受激发和好奇类的工作。我会尽量让具有激发和好奇天赋的合伙人或同事承担能发挥他们这两项天赋的工作。对于支持和坚韧这两类的工作，能不做我尽量不做。实在躲不掉，我会努力完成，因为我知道，很快我就会回归到我喜欢的创造和洞察工作中。

要说我的天赋类型属于颠覆型还是响应型，从测评报告中可以看出，两种类型我各占一席。我算是颠覆型，因为我善于创造，这意味我能够产出带来变化的想法。同时我也是响应型，因为我乐于判断，这意味着我能够对他人提出的观点和建议做出回应。因此，我在这六大工作天赋中，是趋于平衡的。有些人可能会发现他们的天赋项都属于颠覆型，或者都属于响应型。这样的话，颠覆型或响应型产生的影响，会更加明显。

以上是以我为例，基于六大工作天赋测评对个体的描述做了快速而全面的概述。其实，在团队中我如何与他人沟通互动这个问题也同样重要，而且要更为复杂。接下来，我将探讨这个问题。

团队生产力和工作天赋结构图

工作的三个阶段

六大工作天赋模型之所以能够区分于其他工具，是由于该模型能够应用于任何团队工作中，对于团队领导者，项目负责人和组织领导者来说，尤其实用。

行文至此，我认为有必要跟大家说明一下：在最初尝试构建六大工作天赋模型，尚未对六项天赋透彻理解的时候，我首先划分出工作的三个阶段，并基于此衍生出六大工作天赋。

所以在详细研究六大工作天赋在团队中的应用之前，有必要先简单了解一下这三个工作阶段。

第一阶段：构思——由好奇和创造组成。这个阶段的工作内容跟确认需求和提出解决办法有关。在这个阶段经常需要创造天赋。然而，在创造还未"登场"之前，一定是有人遇到了难题，提出了需求。在任何工作中，这都是最开始也是最重要的一步，给创造的出现制造了可能。

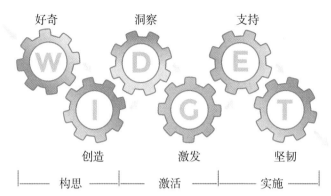

第二阶段：激活——由洞察和激发组成。这个阶段的工作是评估前面构思阶段提出的观点和方案，然后围绕着值得采取行动的想法和方式方法组织与动员人力资源。很多企业压根就没意识到这个阶段的存在，之后我会详细地展开探讨这一点。一旦忽视这个阶段，人们就会从工作的第一阶段——构思，直接跳到第三个阶段——实施。

第三阶段：实施——工作的最后一个阶段，由支持和坚韧组成。这个阶段的工作都是关于如何完成工作的。不管是对需求做出应答或行动，还是不断努力直至大功告成，具备这两种天赋的人们，才是那些使完美计划成真的人。但是前提是，完美计划一定是经过了前一阶段洞察和激发的打磨。

缺失的"拼图"

在前文中我提到说，要想很好地理解工作的三个阶段，核心问题是要认识到第二阶段激活存在的意义，这样才能避免从构思阶段跳到实施阶段。如果某个公司不巧做出了这样"大跨步"的动作，他们就会因为极低的成功率而产生自我怀疑。更麻烦的是，员工很可能推卸责任，互相指责，导致效率低下，浪费许多时间、精力和感情。我来还原一下事情的发展过程，大概是这样的：

负责构思阶段工作的员工，因为提出的想法没能产出积极的成果而心烦意乱。他实在想不通，如此卓绝的想法怎么就没能开花结果？于是他把责任推卸给实施者。而此时此刻，负责实施阶段工作的员工也是郁郁寡欢，为何每次实施工作都折戟而归？于是他忍不住抱怨，提出创意时，为什么就不能一次性搞出最佳方案？这样互相扯皮的事，在企业里太常见了。

如果缺少了激活环节，一个本身尚佳的创意就会失去应有的得到评估、修改和完善（涉及洞察天赋）的机会，而团队成员也不能得到必要的动员和鼓励（激发）。只要理解了激活的本质属性及重要性，对于很多团队来说，再发起新项目时，就会实现立竿见影的重大改善。

团队工作需要的六类行为

任何团队工作，都必然包括跟六大工作天赋相关的内容和类型。缺少了哪一项，失败和受挫就免不了找上门来。因为其中每项天赋均能提供一些其他天赋需要的东西，所有天赋取长补短，形成尺有所短、寸有所长的互补作用。这也是我们把模型设计成六个齿轮形状，使之相互能够咬合连接在一起的原因。这实际上是我妻子劳拉的创意，谢谢劳拉。

现在让我们来看看分别拥有不同工作天赋的团队成员，如何在任意团队工作任务中发挥各自作用，合力推动工作前进。

好奇

工作的第一阶段，需要有人提出一个棘手的问题，思考这个问题会引发哪些可能出现的不良后果，指出问题的症结所在，或者仅仅是搞明白事情的现实状况是怎样的。"有没有更好的解决办法？""这是我们这样优秀的公司能做到的极致吗？""有谁感觉到我们对待客户的方式出了些问题吗？""我们需要给自己放个假吗？"

创造

下一个阶段，就是回答第一个阶段提出来的问题，包括给出解决方法，想出可行的计划，提出好主意，或是创设建新方案。"我有个主意！""这个想法怎么样？""如果我们这样为客户提供帮助，如何？""我们开车去个不是特别远的地方吧。"

洞察

第三个阶段是上一个阶段的延续，是对已产生的想法进行评估。这个阶段包括对提议进行评估，对制订的方案提出反馈意见，或者完善计划。"我的直觉告诉我，这会是个相当不错的好主意。""我总感觉哪儿有点儿问题。""我觉得我们还是应该对你的这个产品构思进一步做出改进。""如果我们有外出团建的打算，这个季节的蒙特雷湾是不二的选择。"

激发

计划或方案经过了修改或调整，大家都认为没什么问题，可以进入实施环节了，那么下一个阶段的工作就是召集人员，赢得他们的支持，吸引他们加入。"各位，咱们一起来听听她的计划。""咱们都把精力投到这项工作中来吧。""谁能腾出时间，帮我们来做一下客户服务的工作？""好了，各位，把你们手头的工作整理一下，我们要去蒙特雷湾了。"

支持

接下来，需要有人响应号召，重新安排自己的时间计划表，承担任务并完成计划，并保持跟进。"关于那个想法，我已经准备好了，随时可以加入战斗。""这项工作，算我一个。""我很乐意做服务客户的工作，什么时候需要我参与，尽管告诉我。""开我的车去蒙特雷湾，我的车能坐六个人。"

坚韧

最后，需要有人来爬坡过坎，冲破障碍，保质保量完成计划，给项目画上句号。"我们一起投入工作吧，现在计划还没有变成现实。""好的，我们来把这些内容总结整理一下，在今晚的最后期限之前，把终稿提交给董事会审议。""还有，我会把客户基础数据整理好。""我认识一个朋友，就在那家酒店工作。我马上给他打电话预订房间，并争取到折扣价。"

接下来，我来简要回顾一下事情发展的先后顺序：首先，好奇确认对改变的需求，然后创造负责产出方案。接下来是洞察即对方案进行评估和调整，提出行动建议。随后激发号召大家团结一心。支持随即出现，提供帮助和人力。最后坚韧确保工作彻底完成，达到既定目标。

当然，不是所有工作都会严丝合缝地按照这一整套流程展开，实际情况往往会更加复杂，可能并不呈现清晰的逻辑和有秩序的线性流程。但是，关键要记住，无论采取何种方式，每个团队项目、小组工作及集体行动都涉及这六类行为，而且一般情况下都是以上述先后顺序发生的。

天赋缺失

当一群人围绕某个项目开展工作时，无论是何种项目，都必须需要具备六大工作天赋类型的人充分发挥作用。让我们来看看如果其中一种天赋类型缺失会出现什么问题。

缺乏好奇天赋会导致团队没有时间冷静思考或充分考虑眼前的局面。一旦出现更为紧迫的事情，团队很可能忽视一些重要因素，如文化问题、市场机遇及其他重要问题等。

缺乏创造天赋给团队带来的问题显而易见。在很多情况下，当团队成员发现过去的方式方法对眼前的问题不奏效时，他们就会感到焦躁不安，而且会发现自己进入了用同样的方式反复尝试，却不能产生效果的死循环中。这正是爱因斯坦称为的"疯狂"。爱因斯坦曾说过一句名言："疯狂的定义是不断重复同一件事并期待不同结果。"

缺乏洞察天赋对于团队来说，可是个不易察觉的硬伤。这是因为洞察本身不易被发现或识别，或者说得更直接一些，不易被证明。如果一个团队缺少了具备这项天赋的人才，就会过于依赖数据和模型，即使在一些轻易就能做出洞察的情况之下。当失败之后，重新审视之前的决策时，他们会感到困惑不解，不明白为什么事情会搞得如此糟糕。

缺乏激发天赋的问题，是相对容易被发现的问题之一。如果一个团队没有人集结队伍，发起行动，那么再完美的计划也没法变成现实，而且团队的潜力也不可能得到充分发掘。在这种情况下，你会听到很多埋怨："我们有这么多的好主意，但是总是没有人能对它们产生点儿兴奋劲。"

缺乏支持天赋对于团队来说，原本是很明显就能看到的问题，但是由于人们经常不把支持当作一种天赋，所以往往无法意识到这项天赋的缺失。一个团队如果缺少了拥有支持天赋的人，团队内的人会经常产生一种挫败感和失落感，觉得没有人愿意伸出援手，也没有人对激发者给予足够的回应。支持行为可以被看作团队的黏合剂，由那些能从回应他人需求中获得乐趣的人提供。缺少支持天赋的团队是很难取得理想成绩的。就算是最资深的高管团队，也同样需要每一个层级都有能够良好回应行动号召的团队成员，帮助团队不断向前。

缺乏坚韧天赋也是容易发现的问题，因为如果缺少坚韧，任何项目、计划或任务都难以完成。很多处在初创阶段的企业，都不缺少好奇、创造、洞察和激发方面的人才，但是一旦缺少了坚韧，就不会有人在工作即将完成的攻坚克难阶段帮助团队冲破障碍，抵达目的地。任何成功的企业，在每个层级都需要有这样非常享受看着项目一路前进直到完工的人才。

填补空缺

如果发现团队中某项工作缺少了具有某项天赋的队员，那么有几个办法可以弥补。第一，招募新员工，补上某项天赋的漏洞。当然，这个办法可行性不太高，因为需要一定时间才能有效。第二，从企业内部其他岗位暂时借调人员。例如，可以从其他部门邀请具有所缺失的该项工作天赋的员工，列席本部门重要的会议，提供必要的协助和支持。第三，在团队内部寻找该项工作天赋在其能力范围内的人员，让他们暂时担当该项角色。不过这只能是权宜之计，因为一旦这些员工长时间地从事这项工作，他们会感到疲劳，并因此产生倦怠感和不满情绪。

天赋的高度

另外，还有一种了解六大工作天赋的方法非常有趣，那就是把它们按照各自出现的位置放置在不同的高度。理论上，一个工作流程一般始于"云端"，然后按顺序不断"下降"，直到最终顺利"着陆"，成功"落地"。在解释这样理解的好处之前，我们先看看工作从"云端"一路降落到"地面"的流程。

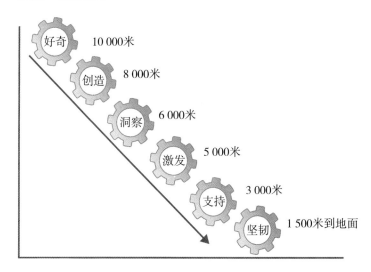

好奇位居于最高位，此时我们的思维好似"在云端"。在远未着陆之前，思考、质疑和预判就发生了，而且是在很高的高度上。

创造在高度方面位列第二，此时距离地面仍具有相当的高度。一旦发现问题，产生解决问题的需求，那么创造就派上用场了，不过离实施行动尚有一定距离。

洞察比创造离地面更近一些，洞察负责对某个想法或提议的可行性和实用性进行评估。一旦评估完成，距离"地面"就更近一步了。

紧接着激发出场，汇聚实施和认同所需的人力资本。在这个阶段，主要任务是激励、召集、招聘和协调人力，以保证行动得以持续。这时候，看上去离目的地着陆不远了。

支持是实施的开端。成员就位，启动项目，这是工作最后一个阶段的第一步。

坚韧发生在完成工作的阶段，特指坚持到工作彻底完成。也就是说，保证平稳着陆，让飞机的轮胎平稳地接触到地面。

高度的重要性

在实际工作中，偶尔会遇到这样的情况：会议开到一半，甚至是项目开展到中途时，我们不得不从一个高度跃至转换到另一个高度。为便于理解，不妨把这种情况假设为飞机在空中遇到了气流。此刻，团队正在经历思维在云端的阶段，主要任务是头脑风暴和集思广益，这时高度差不多是8 000~10 000米。突然有个团队成员出于好意，把话题引到了具体操作及执行计划的问题。这样就把话题带跑偏了，导致我们的航班在几分钟之内急剧下降了5 000米。结果是我们不得不花费更多脑细胞和精神头儿，跟下降的这段高度做斗争，把高度拉升回到8 000米，以继续头脑风暴。

同样，一项工作已经完成了九成，此时正处在支持和坚韧阶段（高度距离地面3 000米）。没想到有个拥有好奇和创造天赋的家伙突然杀出来掌握了航班的操作权。他提出问题："咱们真的确定这个方案是正确的？"或者"我有个新想法！"哎，就在我们认为很快就要着陆的时候，飞机却突然急剧攀升5 000米。赶紧准备好清洁袋，每个人都晕到想吐！

关于工作的沟通

我们与他人就某项工作开展合作之时，为取得良好的工作成效，且避免不必要的困惑，有必要了解该项工作的情境和我们之间对话的本质，并就此达成一致。通常来讲，关于工作的沟通主要有四种类型，分别对应不同的工作天赋组。

头脑风暴

最先发生的工作沟通包括提出问题，思考机会，给出建议，预判这些想法能否实现等，也就是头脑风暴。这类型的对话相对较少。头脑风暴涉及前三项工作天赋：好奇、创造和洞察。如果在场的每个人能达成共识，那么就能保证沟通过程仅围绕这三项天赋，可以避免被带偏节奏。如果头脑风暴环节掺杂了很多关于激发、支持和坚韧的内容，过早地涉及了关于行动的话题，那么会影响在场所有人的情绪。在此类沟通过程中，拥有激发、支持和坚韧天赋的人往往会表现得很不耐烦，因为他们无法理解那些拥有好奇、创造和洞察天赋的人为什么不能迅速做出决策并尽快开始推进工作。这种时候，拥有激发、支持和坚韧天赋的人，需有意识地避免把话题转移到自己的舒适区。如果做不到，那就干脆不要参加这样的讨论（当然这只是不得已为之的做法）。

做出决策

另一种工作沟通的类型主要涉及就某个想法或提议做出决策。这样的讨论围绕着洞察天赋，但是也会包含一些创造和激发的内容，例如："让我们对这个想法稍做一下修改。"以及"我们来想一想，怎么能把大家都团结起来。"

在这个阶段，避开好奇是个很不错的主意，因为跟好奇相关的沟通已经结束了。同样重要的是，这时也要抑制住想要行动的冲动，因为行动会涉及支持和坚韧，如果过早涉及这两项天赋，那么很可能由于贪快，而导致团队在尚未得出最佳决策之前仓促行动。

启动项目

下一种工作沟通的类型，是促使大家对某个决策产生兴趣，并愿意参与到初始的行动中来。这一类型的沟通以激发和支持为主，同时也包含洞察的内容，因为想要了解自己未来工作任务的成员会提出各种问题。显然，在这时的沟通中应避免好奇和创造，因为他们的演出已经结束，他们已经功成身退。此时，坚韧还尚未完全投入战斗，但是时候登场了，因为如果对新项目完全不了解，就相当于在战斗还未开始时就已经为自己设置了重重障碍。因此，有坚韧天赋的人应参与关于实施的对话。

现状回顾和问题解决

最后一种类型的工作沟通，是实际上出现频率最高的类型，往往发生在召开员工会议时。一般包括关于某项行动计划进展的常规讨论，以及对影响工作进展的障碍或问题的识别和解决，主要涉及激发（也可说是再次激发）、支持和终于派上用场的坚韧天赋。如果团队成员在工作的这个阶段发挥许多好奇和创造天赋，那么无疑会导致局面混乱不堪。即使是洞察天赋，此时也应仅限于克服技术障碍的过程中，而尽量避免对初始的想法或方案进行重新评估。

所有工作沟通的核心问题都是一样的，那就是要不断和团队确认每次工作沟通的目的及所需的天赋类型，确保在每一次讨论中，适当的天赋都派上用场。如果每个人都能做到目标清晰，方向一致，那么整个团队就能够根据各自适合的天赋类型，各司其职，从而有效避免不相关或没有助益的天赋类型乱入其中，导致沟通效率低下。

使用团队工作天赋结构图

有一个非常简单但是极为有效的方法，可以把团队成员派到适合发挥各自天赋的岗位上，那就是利用团队工作天赋结构图。从根本上说，通过团队工作天赋结构图可以直观体现全体团队成员的优势和劣势，有助于更好地了解团队成员的才华和不同天赋，找到团队人才库中关于六大工作天赋的不足，发现重组和调整团队成员的机会和方法。

　　下面这张团队工作天赋结构图展示了Table Group公司八人团队的天赋结构，为了保护个人隐私，个别名字使用了化名。各位可能已经注意到，每一部分仅包括天赋和受挫两项，每个项目分别列出了团队成员的名字。因为，根据团队工作天赋结构图，可以轻易推断出哪些成员在哪方面是有工作能力的——如果某个人的名字既没有在"天赋"一列，也没有在"受挫"一列出现，那么就自动认为这个人有这方面的能力。只列出"天赋"和"受挫"两列的原因，是希望可以重点关注团队容易遇到困难的领域。

团队生产力和工作天赋结构图

这是几年前我们的团队工作天赋结构图，大致扫上一眼便会注意到以下几个明显的问题。

第一，显而易见团队里只有一个人具有创造天赋，那个人便是我本人。这可能是个问题，也可能不是问题，主要取决于其他的一些因素，如团队从事的工作的性质，这个有创造天赋的人能用于创造的时间多少等。在我的公司中，只有我一个人擅长创造，这是个问题，因为我不得不花费大量时间从事其他我并不擅长的工作，严重挤占了用于创造的时间。稍后我会详细探讨这个问题。

第二，从团队工作天赋结构图中可以看出，团队里也只有一个人具有坚韧天赋。同样，这种情况未必是需要解决的问题。事实上，对我团队来说，这是个问题。还是稍后见分解。

第三，我们的团队中，拥有激发天赋的也只有一个人。不仅如此，我们不妨看看有多少人对激发这项任务感到头疼，他们极不情愿去激发别人，内心对此非常抵触。

最后，团队工作天赋结构图还反映出其他一些有趣的问题。例如，团队里擅长做判断的，大有人在，还有好几个人具有支持天赋。这意味着整个团队的直觉水准较高，决策过程会很顺畅，团队也不必担心在项目进行中缺少他人的支持。

好了，现在让我们先以激发为例，探讨下团队潜在的问题。团队中具有激发这一项天赋的，只有科迪，不过科迪当时的职位并不允许他充分发挥激发这项天赋。作为团队的领头羊，似乎鼓励和动员大家理应是我的工作职责，而且激发对我来说是一项工作能力，平时我做得也还不错。所以我付出了大量时间和精力来激励和动员团队。这之所以成为一个问题，原因主要来自两方面。

第一个原因是，激发占用了我本该用于创造的时间和精力，只有创造才能让我感到愉悦和充实，创造也是团队所需要的天赋。第二个原因是，不得不频繁地激发他人，实在是把我折磨惨了。一个人如果牺牲大量时间做不擅长的事，就会出现这样的结果。当我发现所有的创造性工作排成大队等待处理的时候，我开始焦躁不安，所以不得不没日没夜地工作，连周末也搭在了工作上。结果是我开始对工作感到厌烦，不得不努力进行自我激励。

对于整个团队来说，不只是我一个人面临这样的尴尬处境。

整个团队中只有一个人能够坚韧不拔地推进工作，这比团队缺少创造性人才要更麻烦。因为对于大多数企业来说，对实施工作任务的员工需求量，要远大于推出新创意的人员需求量。不是有句老话吗？一分靠灵感，九分靠打拼。我不确定这个比例是否准确，但是我敢说大致上确实是这么回事。

对于特雷西来说，坚韧算是她的工作能力，由于支持是她的天赋，人们总是找她做需要坚韧精神的工作，很多很多这样的工作。她也从来都不拒绝别人的要求，而且总能出色地完成任务，很长一段时间内都是这样。直到我们研究自己的团队工作天赋结构图时，她忍不住喊了出来："问题就出在这儿！我实在是太厌烦做跟坚韧相关的工作了，但是我的面前总是堆满了这类的工作。"我们承认，她说得没错。而且，特雷西希望自己能够多做洞察的工作，因为洞察是她真正的天赋所在，但是她总是不得不退后甚至取消这类工作，因为有太多任务等着她去完成和推进。

更糟糕的是，除了各种工作职责，特雷西还兼任我的图书编辑一职。这个角色非常适合她这样擅长洞察，能够对他人观点进行评估，并提出自己有价值见解的人。遗憾的是，我牺牲掉自己喜欢的创造工作，不得不花时间激励和动员他人；而特雷西也不得不把判断性的工作推迟，去接手坚韧的任务。这样说来，在出版图书这件事情上，我们经常落后于计划，就一点也不奇怪了。还有一个重要的问题是，特雷西和我越来越感到疲劳不堪，能量枯竭。

唾手可得

看到测评报告之时，我们团队存在的问题就已基本明确。我们想要提高产能，鼓舞士气。哪个团队会不想这么做呢？我们需要减少特雷西花费在坚韧工作的时间，以及我帕特用在激发方面的时间，这样我们才能在自身天赋所在的领域有更大的建树和贡献。这不仅是对公司有好处，对我们自身的发展也很有益。这并不是说我们应完全叫停不在我们天赋范围内的工作——特雷西和我都非常清楚，天赋之外的工作我们必须要做，只是要尽量减少到一个可控的程度。

明确了这一点之后，问题就变得豁然开朗了。我们打算充分发掘科迪在激发方面的本事，让他组织召开每日例会，把大家凝聚在一起，投入到工作中去。他对企业公司的贡献度和热情有了极大的提高，而我也感到无比地自由和放松。现在，我们称科迪为"首席激发官"。

至于特雷西呢，我们达成一致，办公室内每名有坚韧能力的员工都要分担特雷西的工作。特雷西也需要让我们知道她手头哪些工作任务量超出负荷，这样我们就可以帮助她减负。

除此之外，我们也明确了下一步团队需要引进哪种类型的人才，我们聘任了一位擅长洞察和坚韧的优秀女士，还请到了一位擅长创造和激发的人才。有必要说明的是，这些新成员必须符合我们的企业文化，同时具备我们所需但时常缺少的工作天赋。

这些措施对我们在工作效能和工作状态方面带来的积极影响肉眼可见。如果没有团队工作天赋结构图，我们根本无法清楚地识别问题，并迅速想出应对决策。

下面的团队工作天赋结构图来自另一个团队，为团队提供了有关成员天赋的清晰信息和路线指引。

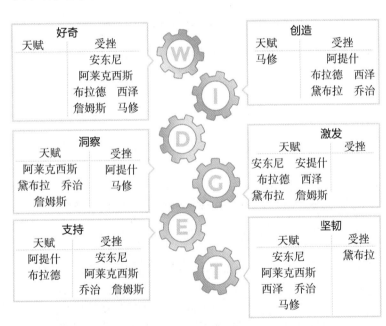

我曾与一家大型科技公司的领导团队合作，多年来这家

公司的发展始终落后于竞争对手，不管是产品研发还是产品创新。意料之中的是，他们的市场份额、销售额和利润空间都未达预期。

他们同意做一次六大工作天赋测评。我必须承认，我认为他们当时对这次测评的预期很低，许多高管对性格测评持怀疑态度，我不确定他们会对测评结果有何反应。

从团队工作天赋结构图中可以看到，该公司团队中，没有人拥有好奇这项工作天赋。不仅如此，团队中的大部分成员都认为好奇是他们的受挫项。雪上加霜的是，领导层中只有一位成员具有创造天赋，而他竟然是公司法务。这可是一家科技公司啊。

几乎是在刚刚看完测评报告的瞬间，之前一位对测评颇不以为然的领导说了一句："我们的问题就出在这儿。我们从来不会探究，也从不思考现在的市场怎样，我们的客户群体的需求如何，我们公司朝着哪个方向发展。我们总是坚韧、执着地埋头做事。"

我简直不敢相信，他在看到结果后能够如此之快地得出结论。而让我欣喜的是，说出上述这番话的，原本是我认为不太会相信测评报告结果的人之一。他继续说道："我们必须下大力气在好奇方面，同时不再把每次会议的主要焦点都放在日程安排、数据和任务单上。"每个人都表示赞同。坦白来讲，这真的令我难以置信。通过六大工作天赋测评，他们对自身问题进行了诊断，并欣然接受了诊断结果，完全不需要由作为顾问的我指出他们的问题所在。

除了需要多花时间开发探究能力外，这个团队更进一步：确认和证实了法务负责人的创造天赋之后，为他增加了收购新技术这一项工作职责。法务负责人由于即将在擅长的方面大展身手而兴奋不已，整个团队也如释重负，因为他们终于找到了能胜任这一要职的适当人选。我很自信地说，如果不是团队工作天赋结构图清晰地展示了这个领导团队的问题，他们是不太可能做出如此非常规的职务调整的。

六大工作天赋和组织健康

在过去的25年里，Table Group公司的所有人一直致力于通过提升领导力、团队合作能力、清晰度、沟通质量，以及完善人力资源体系，从而使组织更加健康和高效。我们始终认为组织健康甚至比组织智慧更重要。通过最大限度地减少办公室政治和混乱，领导者能够提高生产力、敬业度和忠诚度，从而保障企业充分发挥自己的战略优势，完成功能失调的组织永远无法实现的事情。

那么六大工作天赋模型在其中发挥着怎样的作用呢？虽然六大工作天赋模型源自我个人对于职场乐趣和能量的追求，但后来我逐渐意识到，其实这六大工作天赋对组织健康起着至关重要的作用，很多时候其重要性甚至超出我的想象。下面让我试着描述一下这个模型在企业不同方面的应用。

第一，如果一个领导团队中的成员不能理解并利用彼此的天赋，那么这个领导团队就无法形成凝聚力。围绕这个话题，完全可以另写一本书了。能够根据成员的不同天赋调整和分配任务的领导团队，与仅依靠职务高低和按一般期待安排工作的领导团队之间的差别之大难以形容。

第二，工作天赋是工作效能的关键。如果一个组织中的每个人都了解自己的两大工作天赋项和两大工作受挫项，并且对团队成员保持透明，那么领导者就能够做出调整，使每名员工都有机会为企业贡献更大价值。此外，组织日常的工作会更高效，员工之间的摩擦也会更少。要衡量由此带来的积极影响几乎是不可能的，因为它渗透到了员工工作体验的方方面面。

第三，与第二点相关的是，工作天赋对员工留任、员工敬业度和士气都至关重要。当一个组织中的成员知道自己的天赋派上了用场，而且受到领导的赏识，他们就会怀着更多的激情和热情来工作，并且不太可能在组织发展的困难时期跳槽离职。另外，他们会与他人分享自己在组织的经历和感受，由此吸引新员工的加入和新客户的合作。

最后，当团队成员能够认识到自己在哪些工作方面能发挥天赋，哪些方面会让自己受挫时，组织内最重要的一项活动会发生本质的变化。这项活动就是开会。当人们知道自己在参与什么主题的会议时，知道在会议中该何时发挥自己的天赋时，他们会做出更好的决策，并且从内心接受这些决策，而其他组织则很难做到这一点。

我深信不疑，六大工作天赋模型是实现组织发展和组织高效能的基石。当人们在工作中充满活力时，无论是公司创始人、首席执行官，还是新入职的员工，都更有可能贡献于企业的健康发展，助力于企业避免陷入功能失调障碍的风险。

我对六大工作天赋模型的期望

在这个世界上，还有很多人由于不能施展自己的工作天赋而被工作折磨得愁眉不展，不得不硬着头皮去做让自己受挫严重的工作，这真让人痛苦。更糟糕的是，他们中的许多人根本不知道自己如此痛苦的原因何在。我想通过阅读本书，并参与六大工作天赋测评，他们中的大部分人将能够确认自己的天赋、能力和受挫项，并据此做出调整，减轻自己的职业痛苦。自从两年前推出这项测评以来，世界各地的人都在尝试这么做，对此我们感到非常自豪。我们陆续收到大量使用者的反馈，从他们的故事中我们得知，这项测评不仅能改变人们的职业生涯，还有助于婚姻幸福，家庭和谐，以及友情和睦，程度超出我们预期。

企业主克里斯塔尔的反馈

刚接触到六大工作天赋模型之时，克里斯塔尔的处境非常糟糕。她被工作折磨得几近崩溃，正打算卖掉自己的企业。做完六大工作天赋测评不到15分钟，她意识到，自己一直从事的工作和自己的工作天赋毫不相干。她的热情和精力早已被那些她不擅长的工作消耗殆尽。之后的一周中，她让企业内所有人都做了一遍六大工作天赋测评，并据此迅速对团队进行重组，保证每个人都能把更多时间用于应用自己天赋的工作。一个月后，回访时我们问她："你还打算把公司转让出去吗？"她回答："才不会呢！这么多年以来我从没像现在过得这么充实。"

牧师凯文的反馈

凯文给我们发来一封电子邮件，邮件主题只有一个字：哇！在邮件中，凯文告诉我们，在将近20年的牧师生涯中，他一直生活在内疚和压力之下。他觉得自己不适合做这项工作。这种感觉是相当沉重的。他说他很难想出有新意的、鼓舞人心的布道词，这让他身心承受痛苦，每个周日的早上都感到力不从心。在接受六大工作天赋测评后，他发现创造并不是他的长项，他感到释然。进而他意识到，一名牧师不可能在所有领域都有天赋。凯文承认他很享受，同时也很擅长为教会的人提供咨询和支持，他可以依靠其他团队成员的天赋来为自己提供支持，而不是试图通过创新的布道来帮助自

己渡过难关。他不再质疑自己的职业，原来的罪恶感和自我
怀疑大大降低了。

丈夫希斯的反馈

希斯写信告诉我们："我以为我的妻子非常憎恨我。"
他承认说得有点夸张，也有些玩笑的成分，但是他确实觉得
有时候他的妻子似乎讨厌他。他解释说，自己很喜欢提出新
的想法，但经常会感到气馁，因为他觉得妻子总是对自己的
想法品头论足，指指点点，直至全盘否定。嗯，就在他们的
结婚纪念日上，希斯和妻子接受了六大工作天赋测评，报告
结果显示，他和妻子分别具有的是创造天赋和洞察天赋，就
是说他喜欢出主意，而妻子喜欢做评估。他们这才意识到，
妻子并不是想要打击他，而是想给她深爱的丈夫提供有益的
反馈和分析。妻子这么做，其实是想确保他的想法能成功，
而做到这一点的最佳方式就是评估并提出调整建议，从而节
省丈夫的时间和精力，避免落得个失望而归。希斯说，这种
顿悟帮助他们化解了多年来婚姻关系中存在的稍许挫败感，
是最好的结婚纪念日礼物。

这些真实故事，是我们推出六大工作天赋测评的最初三
个月内用户主动发来的。自那以后，我们持续收到了难以尽

述的关于类似效果的反馈信件。给我们写信的人们，通过这个测评，了解了自身的天赋类型，在工作职业、情感生活等方面的困惑苦楚，得到了立竿见影的改善。我能够非常自信地说，这个测评产生效果之快，对生活的影响之大，是我做过的其他事情无法比拟的。

多一分平和，少一分愧疚、自我审判和过度疲劳

说到底，我们增进对自己和他人的了解，是为了使自己内心平和，以及与他人的关系和谐。这不是我们要对他人做出妥协或示弱，也并不是什么高大上的理论。

对许多人来说，让他们无法做到内心平和、与他人构建和谐关系的最大因素是他们不得不做违背自己的本性和天赐才华的事情。由于他们没有意识到这一点，导致他们最终对自己感到糟糕和失望，乃至内疚，他们觉得是自己没能把工作做得更令人满意。其实，这种内疚是不必要的，会给他们及他们所爱的人的生活带来严重的问题。

对此我们每个人都应该有共鸣。我们往往因为不擅长某项工作而感到难过，而且大多数人会因此而自责。在我职业生涯的早期，我就出现过这样的状态。"为什么我不能做得像我的同事一样好？我到底是怎么了？"这些问题的正确答

案应该是："因为他们做的是自己喜欢的，天生擅长的事，而对我来说却不是！"但是由于当时我不明白这一点，我感到很内疚，认为之所以我工作这么艰难，要么就是我努力得还不够，要么就是脑子不够聪明，甚至曾怀疑是我的态度有问题。

我们对他人的判断也是一样。看到同事做不好某项工作，我们会错误地认为他们之所以艰难，是因为他们不够拼，人太笨，或者态度有问题。"我就不明白了，他为什么就做不到。我想他根本没把这事当回事。也许是我们高估了他的智商。他会不会是太偷懒？"诸如此类的评价，我们都做出过。这样的评价很危险，极具破坏性，会造成伤害，让人觉得自己被否定、被排斥，对团队、组织，甚至家庭都可能产生负面影响。

避免产生没必要的内疚和错误评价、主观臆断的关键是提高对自我和他人的认知。当我们知己知彼，明白彼此的优势劣势时，大部分的罪恶感将不复存在，取而代之的会是同理心和支持。我们可以对自己说："我确实不擅长这个。可能我需要找一个更合适的为团队出力的方式，跟我的技能和天赋相符的方式。"看到其他人遭遇职业困境时我们会关切地提出问题："这个岗位适合你吗？也许有更好的方式施展你的技术和才华。"

值得说明的是，有些人的确职业道德很差，或者不够聪明，甚至工作态度不良。这样的人需要得到相应的处理，不过对他们要怀有怜悯之心。但据我所知，有很多情况，都是由于在职场中挣扎着的人没有意识到自己的工作与天赋错配而引起的。而这正是本书和六大工作天赋模型存在的意义。

远离疲劳过度

深陷于与自己天赋不符的工作无法摆脱，会让许多人出现疲劳过度的状态。疲劳过度和内疚感不同，但是又有所关联。没有人能把所有时间都花在自己喜欢做的事情上，让自己头疼的事情，有时候想躲也躲不过，只好硬着头皮做。但是如果整日深陷于无法给自己带来乐趣和能量的工作中，那么几乎不可能有所成就，当然更谈不上工作出色，前途无量。结果只会有一个：不堪重负，被工作压垮。

值得一提的是，一个人从事的工作类型比工作量更能导致工作倦怠。有些人可以在自己喜欢和有激情的领域工作很长时间，而有些人没干多久就会疲惫不堪，因为不合适的工作剥夺了他们的快乐和激情。因此，从逻辑上讲，仅仅减少工作时间，并不会让正在经历职业倦怠期的人感到轻松，尽管这是大多数人能想到的调节方式。他们真正需要做的，是花更多时间去做自己喜欢做的事情。

内疚、被评判，或是倦怠等，让一些人在工作过程中失去了平和的心态。我很高兴地宣布，六大工作天赋模型可以帮助他们扭转这种局面。这对他们来说很重要，因为我相信上天赐予人们不同的天赋，所以每个人都可以利用自己的天赋去做好事，做成事。我也希望从本书中汲取的观点能让他们做到这一点。

术语表

Wonder：好奇天赋。这种天赋是指能够思考和提出问题，容易注意到被忽视的东西，关注未实现的潜力；能够促使人们考虑可能需要质疑的假设，以及挑战现状。拥有这种天赋的人热衷于仔细思考，提出重大问题。与其他天赋相比，好奇并不是最容易被观察到的天赋，因为它主要是一个内在过程。然而，几乎每个计划或项目的开始都是因为有人想知道。拥有这种天赋的人喜欢从仔细观察周围的环境中获得快乐和能量，并思考是否有不同或更好的方法；他们喜欢提出一些关于可能性的问题，而且这些问题通常是抽象和理论性的。例如，他们喜欢问："为什么事物是这样的？""我们做得对吗？""这是最好的方法吗？""我们为什么不这样做？""为什么会被批评？""我们给他们足够的关注度了吗？""为什么要做这个？""为什么要这样做？"

Invention：创造天赋。这种天赋是指拥有创造力和原创思维，即使没有什么方向，也能够想出新点子，并提出新颖的问题解决方案。拥有这种天赋的人热衷于针对问题，创造解决方案。拥有这种天赋的人，即使面对看似没有解决办法的问题，也会充满自信和灵感，他们从解决问题的过程中获得能量和快乐。他们喜欢说："让我想想看。""我会想出一些主意的。""我想要想出一个全新的方法来做到这一点。""我喜欢凭空想出一些点子。""针对这个问题，我觉得我们应该创造一些自己的解决方法来。"

Discernment：洞察天赋。这种天赋难以被精确化，包括策划、评估和识别最好的想法，避免选择那些不好的想法，或者改进那些还没有准备好的想法，能够凭本能和直觉做出最佳选择。拥有这种天赋的人热衷于评估方案，做出最佳选择。他们在评估一个想法是否合理，或者是否需要进一步调整的过程中，有一种诀窍，并从中获得能量和快乐。他们天生具有评估事务的能力，不需要通过数据、专业的行业知识，就知道如何获取信息，并凭直觉选出最好的方案，提供很好的建议；喜欢利用自己的直觉来评估事物，而且通常都是正确的。他们喜欢说："我要评估一下你的想法，我有这个眼光。""这是个好主意，我们应该这么做。""这不是个好主意，我们应该做其他事情。"

Galvanizing：激发天赋。这种天赋是指能够围绕项目、想法或主动性团结和激励人们。这种天赋相对容易被识别，因为它是一种可观察的、公开的活动。拥有激发天赋的人从激励和说服他人采取行动让事情向前发展中获得快乐和能量，即使这涉及说服他人重新考虑或改变计划。拥有这种天赋的人热衷于针对方案，激发人员动力。他们通过为一个项目或想法建立能量和动力来使人们对潜力产生兴奋感。他们喜欢说："让我去激励他们吧，我们肯定能实现目标。""如果你有什么好主意，告诉我，我来召集人推动。"

Enablement：支持天赋。这种天赋是指能够响应行动的号召并无缝地为他人提供他们需要的支持和帮助，能够使团队有更高的士气、更多的人际欣赏和支持。拥有这种天赋的人会从为他人提供启动所需的支持中获得能量和快乐，并成为团队凝聚在一起的黏合剂。尽管具有支持天赋的人通常是理想的团队成员，但他们有时会低估自己天赋的重要性，错误地认为自己只是让事情变好了而已，不是关键角色。拥有这种天赋的人热衷于询问需求，主动提供帮助。他们喜欢帮助他人解决问题，尤其棘手的问题。他们喜欢说："我想成为这个团队的一员，我想帮忙。""有什么需要我做的吗，我喜欢帮别人做事。""有什么需求尽管提出来，我要让这个项目顺利启动。"

Tenacity：坚韧天赋。这种天赋是关于执行的，是指能够按时完成任务，取得成果，实现任务或项目的预期效果，即使在出现不可避免的问题时。拥有这种天赋的人不热衷于帮助别人，但热衷于完成任务，即使失去了任务启动时的光彩，他们也会继续保持完成任务的热情。他们从画掉清单上的事情，并知道自己达到了完成的标准中获得真正的快乐和能量。他们能轻松地通过障碍，喜欢开车冲过终点线的感觉；喜欢从完成一个项目中获得真正的满足和惊喜。他们喜欢说："我们看到了整个过程对世界的影响。""我今年完成了×××个任务，是去年的×××倍。"

致谢

本书的成功出版，要感谢很多给我帮助的人，特别是那些参与到六大工作天赋模型早期开发阶段中的人们。

感谢特雷西、艾米和金，我最初的灵感迸发的那一刻，他们就在我的办公室里。感谢艾米，是她提出的问题促成了这个模型的建立。还要感谢特雷西、凯伦、科迪和马特，感谢他们几小时的反馈、修改和判断。他们层出不穷的点子和建议，无法在这里一一列举，甚至我也无法全都回忆起来，但是我很感谢他们奉献的聪慧和热情。

感谢我的妻子劳拉和我的儿子们。在模型开发早期，我们用到的一块大白板，在家里放了好几个月。还要感谢劳拉对我的想法的耐心支持，特别是她建议把模型设计成齿轮相互咬合的形状。我喜欢与诸位及诸位的朋友一同使用这个模型。

感谢一开始那些来我家或进我办公室的"受害者"，在不知情的情况下，你们被要求做了测评。你们的开诚布公和积极态度远比你们想象的重要。

感谢Table Group公司每一位成员对模型、播客、证书课程及本书的贡献，也感谢世界各地所有认可并向客户推荐六大工作天赋模型的顾问。你们的热情和真挚是对我们最大的鼓励。感谢神奇教区团队，你们是第一个愿意接受这个模型并在团队中沿用的组织。

感谢马特·霍尔特及本贝拉团队，是你们的耐心、灵活和不懈的努力，才有了本书的出版。

延伸阅读

作者其他中译版介绍

《优势》（*The Advantage*）

组织最重要的竞争优势是什么？
优秀的策略、快速的创新还是聪明的
员工？畅销书《团队协作的五大障碍》
作者帕特里克在本书中会告诉你答案：
组织健康。他将20年的写作、现场研究
和为世界知名组织的高管提供咨询的经
验进行了总结，将真实的故事、轶事与

可行的建议结合起来，创作了本书。作者以通俗易懂的语言证
明了在一个组织中实现巨大进步的最佳途径莫过于消除功能障
碍、政治和混乱的根源。

《CEO的五大诱惑》（*The Five Temptations of a CEO*）

故事的主人公安德鲁升任CEO一年以来，业绩平平，相比

之下，他的精神状态更加困扰他。他在地铁上碰到的古怪老人查理，主动过来跟他聊天，帮他找到精神困扰的原因，就是CEO的五大诱惑。3年以后，安德鲁的公司取得了惊人的变化。

本书的前半部是一部精彩的商业小说，神秘、流畅、悬念迭出；后半部分是专业的模式诊断，深刻、犀利、论述周详。这种深具兰西奥尼特色的写作方式已经在商业管理图书中大获成功。几乎每位领导者都可以从小说中找到自己的影子，同时在专业的模式分析中找到失误的深层原因和应对策略。

《CEO的四大迷思》（*The Four Obsessions of an Extraordinary Executive*）

在许多方面都很相像的两个CEO——都是当地一流的技术咨询公司的CEO，同期就读于同一所学校的同一学院，都是讨人喜欢的体面男人——他们所带领的公司的情况却几乎天壤之别：一个被商业报纸视为至爱，行业分

析师总是奉承巴结，客户对它赞不绝口、不离不弃，优秀人才趋之若鹜，而另一个的情况却截然相反，以至外部顾问都认为这两家公司相同点之少，使人极难进行比较。造成这一切的原因在于，前者的CEO掌握了打造健康组织的秘诀：健全组织的四项行动准则！

本书的前半部分是一部精彩的商业小说，充满魅力，极富启发性；后半部分是关于团队建设的专业剖析。书中关于四大行动准则的精准分析，为创立健康的组织提供了一幅清晰的路线图。遵循这个简单的方法，你的企业会变得士气高昂、创造力超强，还能降低不必要的人员流动率和招聘费用，成为一个极具吸引力的高效组织。

《理想的团队成员》（*The Ideal Team Player*）

从事高科技行业的杰夫决定摆脱充满压力和交通堵塞的生活环境，离开硅谷去纳帕谷接手叔父的建筑公司。上任后，他急于恢复公司团队文化，致力于打造更有效的高水平团队。在这个过程中，他认识到一个理想的团队成员应该具有3个不可或缺的品德，通过这些品德来形成公司的文化，才能拯救这个公司。为此，他必须面对失去一些有能力而不太懂得如何进行团队协作的员工，并说服他偏激的运营副总裁，而不是在短期业务的压力下降低公司的招聘标准。

在故事之外，作者提出了一种实用的框架和可操作的工具，用以识别和发展理想的团队成员。无论你是一个领导者，试图创建团队协作精神，还是一个想要提高自己的团队成员，你都将从本书中获益良多。

以上图书的中文版由电子工业出版社出版，各大新华书店及当当、亚马逊、京东等网上书店均有售。

培训与咨询

克服团队协作的五种障碍导师认证课（第 2 版）
电子工业出版社世纪畅优公司获得美国 Table Group
独家授权举办
Table Group 资深顾问导师亲临执教

为企业打造具有高凝聚力的卓越团队，为组织进行健康诊断，通过强化清晰度提高竞争力，这一切都需要在世界一流导师的培训下，通过学习与演练，获得权威的认证许可，提升培训与咨询能力，为组织创造更大的价值。

克服团队协作的五种障碍工作坊（第 2 版）
Overcoming the Five Dysfunctions of a Team

工作坊目标：致力于帮助企业建立高绩效的领导团队，极大地提高团队凝聚力与执行力，为提升组织健康度打下基础。

一、真实领导团队工作坊

面向组织中一个真实的领

导团队开展。在真实领导团队工
作坊中，设计了高度实操型团队
测评、团队现状分析以及增进真
实领导团队协作性的活动练习，
能够真正帮助领导团队就团队使
命、团队协作原则达成共识，朝
向成为一个高凝聚团队的目标迈
出一大步。

二、领导者工作坊

面向组织中来自不同团队的
领导开展。在团队领导工作坊中，将以提升领导者团队领
导力为目标，学习如何通过运用"克服团队协作的五种障碍"
模型来提升他们自己所带领团队的凝聚力、团队协作的高效
性以及目标达成的执行力。

两个互动性很强的工作坊给学员提供了既实用又可以
立刻见效的工具和策略，这些工具和策略还可以让学员在
今后的工作中持续应用。

组织健康是组织唯一的竞争优势
Organization Health Is a Unique Competitive Advantage

打造组织健康的真实领导团队工作坊，是组织迈向健康的最理想起点。贯彻性咨询项目是提升组织健康度的有效保障。

一、真实领导团队工作坊

领导团队工作坊针对团队领导及他的直接下属设计，具有互动性高、推进快速的特点。开展工作坊能够使以组织领导为首的领导团队有机会对其组织的健康度进行评估，建立领导团队黏性，并识别能够最大化组织优势的特定行动。

在工作坊期间，领导团队将深入学习兰西奥尼畅销书《优势》《团队协作的五大障碍》中的基本概念，并学习如何将这些理论概念付诸实践。两天的工作坊中，包括简短的讲解、实践活动的演练，以及为了落实组织健康四原则，针对参加工作坊的特定领导团队及组织自身开展的定制化的研讨。

工作坊中的团队活动与研讨，都针对参加工作坊的领导团队所在组织的真实商业活动而展开，工作坊参与者不会感觉他们仅仅是学习一种理论，或者学习与工作不相干。

二、提升组织健康度贯彻性咨询项目

在健康的组织中，领导团队团结协作，不存在办公室政治与混乱，整个组织都为了组织共同的目标而工作。

基于兰西尼奥的畅销书《优势》中的模型，咨询项目通过以下三个阶段，帮助组织定制化地设计出符合自身现状打造组织健康的行动路径，并保证所给出的行动路径可以在组织内长期确立并采用。

阶段一：建立富有凝聚力的领导团队并打造组织清晰度。

阶段二：反复充分沟通组织清晰度。

阶段三：强化组织清晰度。

可扫描二维码，了解版权课程导师认证、版权课程资料销售、市场推广及相关课程交付服务。

电子工业出版社世纪畅优公司

+8610 88254180/88254120　cv@phei.com.cn